하나님은 고통의 현장에서도 당신과 함께 계십니다

고통의 의미

When Bad Things Happen

KAY ARTHUR

When Bad Things Happen Published by Waterbrook Press 2375
Telstar Drive, Suite 160 Colorado Springs, Colorado 80920
A division of Random House, Inc.
Copyright © 2002 by Kay Arthur

Korean edition
© 2004, 2020 by Precept Korea
91, Sadang-ro 2ga-gil, Dongjak-ku, Seoul, Korea

하나님은 고통의 현장에서도 당신과 함께 계십니다

고통의 의미

케이 아더 지음 | 서혜정 옮김

 프리셉트

차례

서문 … 6

1장 하나님은 그곳에 계십니다
그분께 부르짖으십시오 … 9

2장 하나님은 그곳에 계십니다
그분께 당신의 실수를 고백하고 그분의
넓은 품으로 달려가십시오 … 28

3장 하나님은 그곳에 계십니다
통치의 보좌를 떠나지 않으십니다 … 44

4장 하나님은 그곳에 계십니다
그분이 누구인지 기억하십시오 … 66

5장 하나님은 그곳에 계십니다
　모든 일에는 목적이 있습니다 … 88

6장 하나님은 그곳에 계십니다
　용기를 갖고 그분의 말씀을 선포하십시오 … 107

7장 하나님은 그곳에 계십니다
　믿음으로 살아갈 수 있습니다 … 124

8장 하나님은 그곳에 계십니다
　사악한 자들에게 화 있을진저 … 149

9장 하나님은 그곳에 계십니다
　당신은 사슴과 같은 발로 다닐 수 있습니다 … 184

서문

혼돈과 비극, 그리고 단절된 인간관계와 깨어진 가정, 이렇듯 악한 자들이 승리한 것처럼 보이는 오늘날의 무너진 현실을 바라보며, 스스로 존재한다고 말씀하신 하나님께서 어떻게 이런 일들을 허용하실 수 있는지를 설명하기란 어려운 일입니다. "그분이 만약 하나님이시라면, 왜 개입하지 않으시는 것일까?"라는 의문이 생깁니다.

혹 당신에게는 이런 의문이 없다고 할지라도, 이것은 확실히 많은 사람들이 품고 있는 의문입니다. 이 질문에 대한 대답이 있습니까? 당신과 수많은 사람들이 직면하고 있는 고통과 실망, 상실감과 죽음과 관련된 해답을 가지고 있습니까? 여기에 확실한 해답이 있습니다. 여러분은 이 책에서 그 해답을 찾게 될 것입니다. 왜냐하면 이 책에는 모든 상황에 적합한 하나님의 응답이 들어 있는 책 중의 책인 성경이 보여 주는 해결책이 있기 때문입니다. 바로 그런 이유 때문에 하나님께서 이 책을 당신의 손에 두신 것입니다. 하나님께서는 고통의 순간에 그곳에 함께 계신다는 사실을 당신이 알고 깨닫게 되기를 원하십니다. 자, 이제 읽어 보십시오.

자신의 상황을 바라보며 "하나님, 어디 계십니까?"
라는 의문이 생길 때

1장

하나님은 그곳에 계십니다
그분께 부르짖으십시오

내 눈을 열어서 주의 법의 기이한 것을 보게 하소서
시편 119:18

하나님께 이런 질문을 해 본 적이 있습니까?

아마 전혀 예상치 못한 일들로 시험당할 때, 이런 질문을 하게 될 것입니다. 하나님께 부르짖으며 도움을 청해 보았지만 그분은 듣고 계시지 않는 것 같습니다. 당신은 도움을 받지 못했습니다. 당신은 고통 가운데 있습니다.

저녁 뉴스를 보거나 신문을 집어 들었을 때, '하나님은 어디 계시지? 만약 그분이 정말 이 세상을 만드신 하나님이시라면, 왜 계속해서 세상이 자멸해 가도록 허용하시는 것일까? 왜 우리 사회에서 발생하고 있는 잔혹하고 무자비한 일들을 막아 주지 않으시는 거지? 라는 의문이 생깁니까?

너무나 부조리하고 악한 나머지 하나님의 존재 자체를 의심하게 만드는 일들이 하나님의 자녀인 당신에게도 일어났습니까? '하나님은 적어도 자기 백성들은 돌보셔야 하는 것 아닌가? 라는 의문이 생깁니까? 어쩌면 이런 질문을 하는 것 자체가 불경건한 것처럼 여겨져 말로 표현하는 것을 꺼릴 수도 있습니다. 그렇지만 누구나 한번쯤은 '내가 고통당할 때 하나님은 어디에 계셨습니까? 라는 의문을 가져 본 적이 있었을 것입니다.

내 친구 중의 하나가 강간을 당한 적이 있습니다. 그 친구는 두려움이 엄습했던 그날 밤, 하나님께 부르짖었습니다. 그녀는 떨리는 음성으로 그 남자에게 예수님의 이름으로 멈추라고 명령했습니다. 그러나 그는 멈추지 않았습니다. 하나님은 왜 그녀의 부르짖음에 응답하지 않으셨으며, 그녀를 구하지 않으셨습니까?

하나님은 어디에 계셨습니까?

나의 친구이자 그리스도인으로서 좋은 평판을 받고 있던 20살의 소녀였던 그녀는 자기 침실에서 무참하게 살해당한 채 발견되었습니다.

하나님은 어디에 계셨습니까?

히틀러(Hitler)는 가스실과 수용소에서 하나님의 선택받은 남자, 여자, 아이들을 학살했습니다.

하나님은 어디에 계셨습니까?

가혹한 정치 체제 아래에 있는 수많은 그리스도인들이 죽기에 이를 정도로 심한 고통을 받고 있습니다. 공개적으로 예배할 자유를 박탈당한 수많은 그리스도인들이 교수형에 처해졌으며, 그들은 영양실조와 구타와 고된 노동 착취를 견뎌 내면서 간신히 삶을 연명해야 했습니다. 많은 사람들이 단지 그리스도를 믿는다는 이유로 인해 반역자 취급을 받아 수감되어 고문을 받았고, 심지어는 정부의 칙령에 의해 살해되었습니다.

하나님은 어디에 계십니까?

이것은 매우 어려운 질문입니다. 그렇지 않습니까? 회의론자들은 이런 질문을 좋아합니다. 이는 대다수의 사람들이 무시해 버리거나 혹은 미흡한 신학 이론 아래 묻어 버리려는 질문들입니다.

고통당할 때 하나님은 어디에 계셨습니까?

하나님을 "아버지"라고 부르는 많은 사람들이 피하고 싶어 하는 질문입니다. 이 질문은 하나님의 개념과는 어울리지 않습니다. 그들은 하나님의 말씀을 근거로 이 질문에 대해서 설명할 수 없습니다.

이런 질문을 하면 하나님께서 응답하지 않으실 것 같아 두렵습니까? 혹은 우리가 그 해답을 찾게 된다고 하더라도 그것이 하나님의 관점을 왜곡시키거나, 혹은 그분을 설명이나 이해가 불가능한 어떤 존재로 여기게 될까 봐 두렵습니까?

어떤 사람은 사랑과 긍휼과 자비의 하나님은 이 세상에서 일어나고 있는 악한 일들과는 전혀 상관이 없는 분이라고 주장합니다. 그러나 만일 하나님이 그런 분이라면, 그분의 능력과 권세와 간섭하심은 무엇을 의미한단 말입니까?

지금까지 이보다 더 어려운 질문이 있었습니까? 사랑하는 여러분, 없었습니다! 이 질문은 인간의 역사만큼이나 오래된 것입니다. 이는 하박국 선지자가 가졌던 질문이기도 했습니다.

> 여호와여 내가 부르짖어도 주께서 듣지 아니하시니 어느 때까지리이까 내가 강포를 인하여 외쳐도 주께서 구원치 아니하시나이다 어찌하여 나로 간악을 보게 하시며 패역을 목도하게 하시나이까 대저 겁탈과 강포가 내 앞에 있고 변론과 분쟁이 일어났나이다…주께서는 눈이 정결하시므로 악을 참아 보지 못하시며 패역을 참아 보지 못하시거늘 어찌하여 궤휼한 자들을 방관하시며 악인이 자기보다 의로운 사람을 삼키되 잠잠하시나이까(합 1:2-3, 13).

하나님은 과연 어디에 계십니까? 하나님은 왜 이런 일들을 허용하셨습니까? 어찌하여 악행들이 계속되고 있습니까? 왜 악한 사람이 잘 됩니까? 왜 의인들이 고통당합니까? 하나님께서는 왜 그들을 구해 주시지 않는 것입니까? 하나님은 왜 당신의 자녀들의 기도를 듣지 않으십니까? 이런 의문들이 하박국의 마음에 부담감으로 자리잡았습니다. 그러나 그는 이런 의문을 품은 것에 대해 부끄러워하거나 변명하려 하지 않았습니다. 그리고 하나님께서도 이런 의문을 무시하지 않으시고 많은 사람들이 볼 수 있도록 그 의문에 대한 답을 성경에 기록하셨습니다. 하박국에게 주신 응답은 곧 우리에게 주신 응답입니다.

세 장으로 이루어진 하박국서 전체를 읽어 보십시오. 읽기 전에 진리를 깨닫게 해 달라고 성령님께 간구하십시오. 우리 삶 속에서 그분이 일하지 않으신다면 우리는 영적인 진리를 이해할 수도, 분별할 수도 없습니다. 그러므로 지혜와 계시의 영을 달라고 주님께 간구해야 합니다. 시편 기자는 말합니다. "내 눈을 열어서 주의 법의 기이한 것을 보게 하소서"(시 119:18).

하나님의 능력을 떠나서는 진리를 들을 수 없고 깨달을 수도 없다는 것을 고백하는 시간을 잠시 가지십시오. 우리 마음의 눈을 밝히셔서 주님께서 보여 주시고자 하는 바가 무엇인지 알게 해 달라고 간구하십시오. 그리고 그렇게 하실 주님께 감사하십시오.

위기에 처한 하나님의 백성

하박국서를 바르게 이해하고 이를 오늘날의 상황에 적용하기 위해서는 역사적인 정황을 고려해야만 합니다. 이 관점은 구약성경에 담겨 있는 보다 많은 의미들을 깨닫는 데 도움이 될 뿐 아니라, 구약성경의 진리가 우리의 상황 속에 얼마나 잘 적용될 수 있는지를 알 수 있게 해 줍니다. 고린도전서 10:11은 이스라엘과 관련하여 "저희에게 당한 이런 일이 거울이 되고 또한 말세를 만난 우리의 경계로 기록하였느니라"고 기록하고 있습니다.

솔로몬이 죽은 뒤에 이스라엘은 남과 북, 두 개의 왕국으로 분열되었습니다. 북왕국은 유다와 베냐민 지파를 제외한 열 지파로 이루어졌으며 북이스라엘이라고 불렸습니다. 북이스라엘은 다른 두 지파와 분열한 이후 즉시 우상숭배에 빠졌으며 B.C. 722년에 앗시리아에 의해 멸망당하였습니다.

종종 유다로 언급되는 남왕국은 유다와 베냐민 두 지파로 이루어졌으며 수도는 예루살렘이었습니다.

하박국서는 북왕국이 이미 포로기에 접어 들었던 시기에 기록되었습니다. 하박국 선지자는 B.C. 621년에서 B.C. 609년 사이에 예언 활동을 했으며, 남왕국의 바벨론 포로기는 하박국 선지자가 활동했던 시대에 임박한 B.C. 605년에 시작되었습니다. 이때 느부갓네살 왕이 예루살렘을 공격하여 소수의 귀족들과 왕자들을 포로로 삼아 바벨론으로 끌고 갔습니다. 다니엘도 그들 가운데 한 사람이었습니다.

B.C. 597년 어호야긴이 반란을 일으켰을 때, 느부갓네살은 다시 예루살렘을 공격하여 만 명의 포로들을 끌고

갔으며 그들 가운데 에스겔이 있었습니다.

하나님의 사랑하는 백성인 이스라엘이 어찌하여 그런 위기를 맞게 되었는지 궁금할지도 모릅니다. 그들은 선택받은 민족이었습니다! 예루살렘은 솔로몬의 장엄한 성전이 있는 곳입니다! 게다가 이스라엘만큼 하나님의 통치를 받은 민족이 또 어디에 있었습니까?

여러분, 하나님의 백성들이 위기를 맞게 된 것은 그들이 하나님의 말씀을 무시했기 때문입니다. 남유다의 이야기는 하나님의 말씀이 한 민족이나 한 교회 혹은 한 개인에게서 중심된 위치를 상실하거나, 삶의 주변부로 전락하게 되었을 때 어떤 일이 일어나는지 말해 줍니다.

시간을 내어 열왕기하 22장을 읽어 보십시오. 예레미야와 동시대의 사람이었던 하박국도 이 위대한 22장과 연관된 사건을 기록했을 것입니다. 이 사건은 앗시리아가 북왕국을 공격하여 포로로 삼은 지 100년이 지난 B.C. 622년경에 일어났습니다.

열왕기하 22장은 8살의 나이에 등극했던 요시야 왕이

통치한 지 18년이 되었을 때 발생한 사건에 초점이 모아지고 있습니다. 이것은 대략 B.C. 622년경에 기록되었으며, 남유다는 그로부터 36년 후인 B.C. 586년에 바벨론의 포로가 되었습니다.

서기관 사반은 하나님의 성전에서 퇴락한 곳을 수리하고 청결케 하는 일을 맡게 되었습니다. 성전 보수를 돕는 과정에서 대제사장 힐기야가 성전에서 발견한 하나님 말씀의 사본을 사반에게 주었습니다. 상상이 됩니까? 하나님의 말씀을 하나님의 전에서 잃어버렸던 것입니다.

서기관 사반이 그 율법책을 요시야 왕 앞에서 큰 소리로 읽자, 요시야는 극한 슬픔에 빠졌습니다. 요시야 왕은 자신을 비롯한 남유다 백성들이 거룩한 하나님의 말씀에서 얼마나 멀리 떨어져 살았는지를 깨닫게 되었습니다.

그들은 우상숭배에 빠져 바알과 아세라를 섬겼습니다(왕하 23:4). 어떤 종류의 우상숭배든지 그 속에는 부도덕과 성적 타락이 공존합니다. 하나의 타락은 곧 다른 타락으로 이어집니다. 열왕기하 23:7은 아세라를 숭배하는 남창들인 미동들이 여호와의 집에 살고 있었다는 사실을 보여 주고 있습니다. 이는 바알과 아세라 숭배와 관련된 성적 문란과 타락의 단면을 보여 줍니다.

하나님의 말씀과 분리된 삶은 백성들의 도덕에 영향을 미쳤을 뿐만 아니라 어린 자녀들의 삶도 위협했습니다. 열왕기하 23:10을 통해서 우리는 부모들이 자기 자녀들을 "몰록에게 드리기 위하여 그 자녀를 불로 지나가게" 했음을 알 수 있습니다. 그들은 자기 자녀들을 부도덕의 제단에 피의 제사로 드렸습니다.

인신 제물은 말할 것도 없이 그들의 타락의 극치를 보여 주고 있습니다. "하나님의 백성들"은 이방의 일월 성신 숭배에 심취하였으며 점성술에 사로잡혔습니다(왕하 23:4-5). 그것은 하나님께서 분명하게 금하신 것들이었습니다(신 17:2-7). 하나님의 백성들은 하나님의 말씀을 듣는 대신 영매자들과 심령술사, 점성술에 주목하였습니다. 우상과 영매자들과 심령술사와 점성술의 배후에는 언제나 사단이 있음을 우리는 말씀을 통해 알 수 있습니다(고전 10:19-20).

하나님의 마음이 얼마나 아프셨겠습니까! 요시야 왕은 서기관 사반을 통해서 하나님의 말씀을 듣는 즉시 심판하셔야만 했던 하나님의 거룩한 분노를 이해할 수 있었습니다.

우리는 어디로 가고 있습니까?

하나님의 백성들이 어떻게 그분의 계명에서 그토록 멀어질 수 있었는지에 대해 의문을 갖는 것은 당연합니다. 그러나 당신 주변을 둘러보십시오. 그 시대와 다른 점이 있습니까? 그리 다르지 않습니다! 그렇다면 미국이 처음부터 이런 상태에 있었습니까? 절대 아닙니다! 지금까지 미국에 살면서 점점 더 많은 죄악들이 묵인되어 가는 엄청난 변화들을 보아 왔습니다. 낙태는 살인으로 간주되었으며 낙태를 시술한 의사는 범법자로 처벌을 받았었습니다. 그러나 오늘날 낙태는 출산 조절을 위한 일상적인 수단이 되고 있습니다. 심지어 많은 교회들조차 낙태를 강하게 반대하지 못하고 있습니다.

한때 동성애는 불법이었습니다. 그러나 이제 몇몇 주에서는 결혼과 자녀 입양을 포함한 그들의 '권리'를 인정해 주고 있습니다. 어떤 교회에서는 동성애를 '유전적인 성향'일 뿐 아무것도 아니라고 말합니다. 또 어떤 사람들은 하나님은 성을 구별하지 않으시며 동성애를 반대하지 않으신다고 주장하면서, 동성애자들을 위한 모임을 만들었습니다. 그들은 동성애와 같은 행동들은 단순한 양자택일의 삶의 방식을 반영하는 것뿐이라고 주장합니다.

한때 이혼은 많은 종파의 교리 속에서 용인되지 않았습니다. 그러나 이제 어떤 교회에서는 한 주 만에 다른 배우자와 함께 나와도 아무 말도 하지 못합니다. 교인들은 자기들의 행동에 책임을 지지 않습니다. 고린도전서 5장에 나오는 것과 같은 교회의 원리들은 더 이상 지켜지지 않고 있습니다.

어찌하여 우리가 이런 나라에 살게 되었습니까? 그것은 우리를 포함하여 수많은 하나님의 집과 신학교에서 하나님의 말씀을 잃어버렸기 때문입니다. 많은 사람들이 사역의 방법과 심리학 기술을 훈련받고 난 후 신학교를 졸업합니다. 그러나 그들은 하나님의 말씀과 기도에 대해 어떻게 연구해야 하는지는 모릅니다 .

사랑하는 여러분, 한번 생각해 보십시오. 만약 하나님의 말씀이 교회에서 사라지고 있다면, 어떻게 세상이 말씀 안에 있는 의로운 계명을 인식하리라고 기대할 수 있겠습니까?

많은 사람들이 귀납적인 방법으로 하나님의 말씀을 연구하기 시작한 이후로 어떤 변화들이 일어났는지 우리에게 알려 주기 위해 편지를 보내 옵니다. 그들 스스로 말씀을 연구하기 시작하자 그들은 분별하기 어려운 미묘한 죄악까지도 헤아릴 수 있는 안목이 생겼습니다.

그들은 자극적인 논쟁과 철학과 전통에 유혹받아 왔음을 알게 되었습니다. 그들은 자기들이 얼마나 인간적인 이성과 유행하는 가르침에 이끌려 왔는지 깨닫게 되었습니다. 또한 심리학과 자아도취가 하나님의 말씀과 십자가

의 자리를 얼마나 많이 빼앗았는지도 깨달았습니다. 그들은 최근의 기독교 베스트셀러가 하나님의 말씀이 아닌 것들을 인용하고 설명하고 있음을 깨닫게 되었습니다. 그들은 하나님의 말씀이라는 다림줄이 없이는 자신들이 진리에서 얼마나 멀어졌는지 깨달을 수 없다는 사실을 인정하게 되었습니다.

스스로 하나님의 말씀과 멀어지지 않았다고 생각했던 그들은, 이제 자신이 하나님과 하나님의 진리로부터 얼마나 멀리 떨어져 있었는지를 깨닫게 되었습니다. 자신들이 얼마나 기만당해 왔는지, 그리고 얼마나 많은 거짓의 결과물들을 거두어들였는지 알게 되었습니다.

이 모든 일들이 하나님의 말씀이 우리 삶 속에서 그 자리를 잃었기 때문에 일어났습니다.

이제 생각해 보십시오. 평신도는 물론이거니와 수많은 사역자들의 삶 속에서 하나님의 말씀은 어떤 위치를 차지하고 있으며, 그들은 어디에 우선순위를 두고 있습니까? 당신의 교회도 혹시 하나님의 말씀을 잃어 가고 있지는 않습니까? 당신은 어떻습니까?

남유다에서 발생했던 일이 다시 일어날 수 있습니다. 그것은 하나님의 말씀을 상실했을 때 일어날 수 있는 불가피한 결과입니다. 교회의 역사는 말씀을 무시한 결과에 대해서 계속해서 증거합니다. 종교 개혁가들이 말씀의 진리를 찾아내어 연구하고 백성들에게 말씀대로 살아가라고 선포했을 때에야 비로소 교회가 제자리를 찾을 수 있었습니다.

만약 당신이 하나님의 말씀을 무시하고 있다면, 그런 당신의 마음을 보여 달라고 하나님께 간구하십시오. 하나님 앞에 정직하게 마음을 여십시오.

먼저 해야 할 일이 무엇인지 알려달라고 하나님께 간구하십시오. 그리고 하나님의 말씀을 올바른 위치에 놓고자 한다면, 시간을 내어 그분께 경배하고 감사하십시오. 약속을 새롭게 하십시오. 그렇다면 이 모든 것 가운데 그분의 탁월함을 경험하게 될 것입니다.

사랑하는 여러분, 저를 믿으십시오. 스스로 성경을 연

구하고 그 진리를 삶에 적용하고자 하는 사람들은 자신의 삶 속에서 다시는 하나님의 말씀을 잃어버리지 않을 것입니다. 왜냐하면 우리 자신이 하나님의 성령의 전이 될 것이기 때문입니다(고전 6:19). 그분의 말씀은 당신 안에서 풍성하게 거할 것이며(골 3:16), 당신은 당신에게 일어난 고통스러운 일들까지도 다룰 수 있게 될 뿐만 아니라, 다른 사람도 도울 수 있게 될 것입니다.

삶에 적용하기

때때로 우리는 바라는 것들이 이루어지지 않으면 하나님께 의문을 갖거나 화를 내거나 실망합니다. 사실 문제의 핵심은 우리가 실제로 하나님이 누구인지를 알지 못한다는 데 있습니다. 우리는 하나님을 알고 그분의 안목을 이해하기 위해서 시간을 보내지 않기 때문에 하나님의 뜻을 이해하지 못합니다.

그렇다고 생각하지 않습니까? 누군가가 당신에게 그렇게 하길 원하시겠습니까? 물론 그렇지 않을 것입니다! 당신은 그 사람에게 "나를 판단하기 전에 내가 어떤 사람인지 알아보고, 내가 하는 말에 관심을 기울이세요. 그러고 나서 사실에 근거하여 저를 판단하십시오."라고 말하고 싶지 않겠습니까?

오, 사랑하는 여러분, 실제로 하나님이 누구인지 잘 모르면서 하나님을 판단하십니까? 우리가 고통 가운데 있거나 엄청난 실의에 빠져 있을 때, 그런 일은 쉽게 일어납니다. 만약 하나님과 함께하며 말씀을 연구하는 데 시간을 보낸다면, 우리는 회개의 눈물을 흘리며 주님 앞에 무릎을 꿇고 그분을 경배하게 될 것입니다. 우리가 하나님을 보다 더 많이 알게 될 때 우리 자신뿐 아니라 하나님께서도 기뻐하실 것입니다.

하나님 외에 다른 것에 만족하고 있는
자신을 발견했을 때

2장

하나님은 그곳에 계십니다

당신의 실수를 고백하고
그분의 넓은 품으로 달려가십시오

그러나 무릇 여호와를 의지하며 여호와를 의뢰하는 그 사람은 복을 받을 것이라 그는 물가에 심기운 나무가 그 뿌리를 강변에 뻗치고 더위가 올지라도 두려워 아니하며 그 잎이 청청하며 가무는 해에도 걱정이 없고 결실이 그치지 아니함 같으리라
예레미야 17:7-8

우리에게 감당하기 어려운 일이 생기면 우리는 하나님을 찾습니다. 그렇지 않습니까? 2001년 9월 11일에 일어난 세계무역센타 쌍둥이 빌딩의 붕괴 사건과 같은 재난이 일어날 때, 우리의 생각은 모든 능력을 가지신 하나님께

로 곧바로 향합니다. 그리고 나서 우리는 하나님에 대해 더 많은 생각을 하기 시작하며, 그분을 우리의 삶에 끼워 맞춰야 하는지 아니면 우리 삶의 방식을 바꾸어야 하는지 의문을 갖게 됩니다.

하나님을 재발견하기

하나님의 말씀을 잃어버린 남유다는 죄로 인해 상처를 입었습니다. B.C. 622년, 이스라엘 백성들은 하나님을 잊고 있었지만, 하나님께서는 이스라엘의 생명을 날마다 돌아보셨습니다. 그러다 그들은 자신들의 죄와 다가올 심판에 대한 답이 들어 있는 책을 발견했습니다.

열왕기하 22:13에서 요시야 왕은 "너희는 가서 나와 백성과 온 유다를 위하여 이 발견한 책의 말씀에 대하여 여호와께 물으라 우리 열조가 이 책의 말씀을 듣지 아니하며 이 책에 우리를 위하여 기록된 모든 것을 준행치 아니하였으므로 여호와께서 우리에게 발하신 진노가 크도다"라고 말했습니다.

갑자기 죄가 무엇인지 알게 되었을 때, 즉 거룩한 분노로 죄를 심판하실, 모든 권세를 가지신 거룩하신 하나님을 깨닫게 된다면 당신은 어떻게 하시겠습니까?

요시야 왕은 하나님의 말씀을 들을 줄 아는 부드러운 마음을 가졌습니다(왕하 22:19). 그는 자기의 옷을 찢으며 하나님 앞에서 겸손하게 울었습니다. 어떤 변명도 하지 않았고 죄를 숨기려 하거나 합리화하지 않았으며, 자기와 자기 백성의 죄를 다른 사람에게 돌리려고 하지 않았습니다. 요시야 왕은 자신과 남유다의 죄를 인정하고 죄에 대한 책임을 지고자 했습니다. 요시야 왕의 마음에서 우러나온 기도를 들으신 하나님은 심판의 손을 멈추셨습니다.

> 내가 이곳과 그 거민에게 대하여 빈 터가 되고 저주가 되리라 한 말을 네가 듣고 마음이 연하여 여호와 앞 곧 내 앞에서 겸비하여 옷을 찢고 통곡하였으므로 나도 네 말을 들었노라 여호와가 말하였느니라 그러므로 내가 너로 너의 열조에게 돌아가서 평안히 묘실로 들어가

게 하리니 내가 이곳에 내리는 모든 재앙을 네가 눈으로 보지 못하리라 하셨느니라 사자들이 왕에게 복명하니라(왕하 22:19-20).

하나님의 말씀을 들으면, 회개와 함께 거룩한 슬픔이 찾아옵니다. "요시야와 같이 마음을 다하며 성품을 다하며 힘을 다하여 여호와를 향하여 모세의 모든 율법을 온전히 준행한 임금은 요시야 전에도 없었고 후에도 그와 같은 자가 없었더라"(왕하 23:25).

당신은 어떻습니까? 죄를 짓고 나면 슬프십니까? 어떤 종류의 슬픔입니까? 오, 나의 친구여, 당신이 지은 죄가 엄청나게 클 수도 있습니다. 그러나 요시야 왕처럼 하나님 앞에서 겸손한 마음과 거룩한 슬픔으로 그 죄악에서 돌이켜 하나님의 말씀에 복종한다면, 온 마음과 영혼과 힘을 다하여 하나님께로 돌아간다면, 하나님께서는 요시야 왕을 만나 주신 것처럼 당신을 만나 주실 것입니다. 하나님의 분노가 세상의 불의 위에 임할 것이지만 결코 당신을 상하게 하지는 않을 것입니다. 하박국 시대와 같은 분노가 있든지 없든지, 혹은 요시야 왕 때와 같은 백성들의 회개와 부흥이 있든지 없든지 간에, 당신은 당신을 구원하신 하나님 안에서 기뻐할 수 있습니다. 하나님의 말씀을 신뢰하기만 한다면 말입니다.

간음

하나님께서는 요시야 왕의 순종을 귀하게 여기셨습니다. 그러나 백성들의 마음은 변하지 않았습니다. "유다가 진심으로 내게 돌아오지 아니하고 거짓으로 할뿐이니라 여호와의 말이니라"(렘 3:10).

당신은 남유다와 북이스라엘이 앗시리아에 의해 포로로 사로잡혔을 때, 그들이 교훈을 깨달았을 것이라고 생각할지도 모릅니다.

그러나 남유다는 그 경고에 귀를 기울이지 않았습니다.

우리는 왜 하나님을 기만하고도 하나님께서 우리를 내버려두실 것이라고 생각합니까?

우리는 하나님의 백성이기 때문에 하나님께 전심으로 순종하고 충성하는 것에서 제외될 수 있을 것이라고 생각합니까? 그들과는 달리 우리는 죄를 자백했기 때문에 하나님께서 악한 자들로 하여금 우리를 이기지 못하게 하실 것이라고 생각합니까?

그것이 바로 남유다의 생각이었습니다. 거짓 선지자들이 "평강하다, 평강하다"라고 선포했을 때 백성들은 그 말을 좋아했고 그들의 메시지를 믿었습니다(렘 5:30-31; 6:14). 요시야의 회개와 순종으로 인한 일시적인 축복과 유보된 심판은 그들을 자기 만족에 빠지도록 만들었습니다. 그리고 그들은 마음을 다하여 하나님께로 돌이키지 않았습니다.

당신은 아마도 "평강하다, 평강하다"라는 소리를 들었을 것입니다. 그러나 마음 깊은 곳에 평강이 있습니까? 아니면 당신의 평강은 환경에 의해 좌우됩니까? 만약 세상이 줄 수 없고 세상이 빼앗을 수 없는 평강을 원한다면 하나님과의 관계를 온전히 하는 것이 필요합니다. 하나님이 당신의 삶의 최우선순위가 되어야 합니다. 하나님께 나아가는 것을 방해하는 것은 그 어떤 것이라도 제거하십시오. 삶에서 하나님께 최우선순위를 두는 것을 거부한다면 스스로를 속이는 일이 됩니다.

하나님께서 남유다에게 하신 말씀은 당신과 나를 향한 말씀이기도 합니다. 앞에서 언급한 것처럼 성경에 기록된 것은 우리에게 가르침과 경고를 주기 위한 것입니다(롬 15:4). 하나님께서 남유다에게 하신 말씀에 귀를 기울이십시오.

> 배역한 자식들아 돌아오라 내가 너희의 배역함을 고치리라 보소서 우리가 주께 왔사오니 주는 우리 하나님 여호와이심이니이다(렘 3:22).

> 여호와께서 가라사대 이스라엘아 네가 돌아오려거든 내게로 돌아오라 네가 만일 나의 목전에서 가증한 것을 버리고 마음이 요동치 아니하며 진실과 공평과 정의로 여호와의 삶을 가리켜 맹세하면 열방이 나로 인하여 스

스로 복을 빌며 나로 인하여 자랑하리라 나 여호와가 유다와 예루살렘 사람에게 이같이 이르노라 너희 묵은 땅을 갈고 가시덤불 속에 파종하지 말라 유다인과 예루살렘 거민들아 너희는 스스로 할례를 행하여 너희 마음 가죽을 베고 나 여호와께 속하라 그렇지 아니하면 너희 행악을 인하여 나의 분노가 불 같이 발하여 사르리니 그것을 끌 자가 없으리라(렘 4:1-4).

하나님의 말씀에 따르면 그들은 두 가지의 죄를 범했습니다. 그분의 말씀에 귀를 기울이십시오. 그들의 죄는 "생수의 근원되는 하나님을 버린 것"과 "스스로 웅덩이를 판 것"인데 "그것은 물을 저축지 못할 터진 웅덩이"였습니다(렘 2:13).

하나님은 그들에게 있어 생수의 근원이었습니다. 하나님의 생수는 그들에게 만족과 도움을 주었으며 그들을 인도해 주었습니다. 그들의 생명은 하나님을 향한 전적인 신뢰와 하나님께 가장 합당한 경배를 올려 드리는 것에 달려 있었습니다. 그러나 그들은 그렇게 하는 대신 다른 근원을 향해 돌아섰습니다.

하나님께서는 예레미야를 통해 말씀하셨습니다. "네가 시홀의 물을 마시려고 애굽 길에 있음은 어찜이며 또 그 하수를 마시려고 앗수르 길에 있음은 어찜이뇨 네 악이 너를 징계하겠고 네 패역이 너를 책할 것이라 그런즉 네 하나님 여호와를 버림과 네 속에 나를 경외함이 없는 것이 악이요 고통인 줄 알라 주 만군의 여호와의 말이니라"(렘 2:18-19).

애굽은 세상을 보여 주는 그림으로 간주할 수 있습니다. 이스라엘은 애굽의 노예로서 바로의 지배 아래 있었습니다. 마찬가지로 우리 역시 예수 그리스도를 알기 전까지 세상의 왕인 사단의 지배 가운데 있는 세상의 노예였습니다. 예수님은 유월절 어린양입니다. 그분은 우리를 죄와 죽음에서 구원하기 위해 피를 흘리셨습니다(고전 5:7; 히 2:14). 이스라엘 백성들은 유월절 어린양의 피로 인하여 "애굽 땅 종 되었던 집"(렘 34:13)에서 구원받은 뒤, 애굽으로 돌아가서는 절대 안 된다는 말씀을 들었습니다. "도움을 구하러 애굽으로 내려가는 자들은 화 있을진저"(사 31:1).

하나님께서는 자기 백성을 애굽에서 구원하셨을 때 그들이 어떻게 살아야 하는지에 관해 정확하게 말씀하셨습니다. 그분은 그들에게 십계명과 함께 일상의 삶에 대한 많은 규례들을 주셨습니다.

첫 계명은 "그것들에게 절하지 말며 그것들을 섬기지 말라 나 여호와 너의 하나님은 질투하는 하나님인즉 나를 미워하는 자의 죄를 갚되 아비로부터 아들에게로 삼 사대까지 이르게 하거니와 나를 사랑하고 내 계명을 지키는 자에게는 천대까지 은혜를 베푸느니라"(출 20:5-6)였습니다.

하나님은 이스라엘의 하나님이셨습니다. 하나님께서는 그들을 인도하셨으며, 그들의 필요를 공급하셨고, 그들을 지키셨습니다. 그들은 육신의 팔을 뻗을 필요가 없었습니다. 그들은 생수의 근원으로 가는 통로를 갖고 있었지만, 나일과 유브라데의 물을 마시기 위해 달려갔습니다. 이것이 예레미야와 하박국 선지자의 시대였던 것입니다! 이 구약의 실례는 성경과 동행하는 대신 육체를 따라 살아가는 우리의 삶과도 유사합니다.

물은 생명을 유지하는 데 있어 필수적입니다. 물은 항상 하나님을 상징해 왔습니다. 초막절에 어떤 일이 있었는지 기억하십시오. "명절 끝날 곧 큰날에 예수께서 서서 외쳐 가라사대 누구든지 목마르거든 내게로 와서 마시라 나를 믿는 자는 성경에 이름과 같이 그 배에서 생수의 강이 흘러나리라 하시니"(요 7:37-38).

구약에서 하나님은 당신만이 우리의 생명이요 우리의 근원이시며 우리의 만족이심을 보여 주셨습니다. 신약에서 예수님도 똑같이 말씀하셨습니다. "오라"와 "마시라"는 헬라어 현재 시제인데, 지속적이고 습관적인 행동을 내포하고 있습니다.

우리는 전적으로 하나님을 의지하며 살아야 합니다.

그러나 우리는 항상 우리가 한 행위를 기억하지 않습니다. 그렇지 않습니까? 우리는 스스로 육체의 정욕과 안목의 정욕과 이생의 자랑에 미혹되고 유혹받고 있습니다. 그러나 질투하시는 하나님께서는 우리의 그런 행동을 가볍게 여기지 않으실 것입니다. 우리가 하나님보다 다른 대상 즉 남편이나 아내, 자녀나 친구 혹은 직업이나 쾌락 등을 더 사랑할 때, 하나님께서는 그것을 간음이라고 부르십니다.

결국 하나님을 그 무엇보다 사랑하는 일에 실패하는 이유는 우리가 다른 대상을 더 사랑하는 간음을 행하기 때문입니다. 이것이 하나님께서 예레미야에게 주신 말씀입니다.

> 요시야 왕 때에 여호와께서 또 내게 이르시되 네가 배역한 이스라엘의 행한 바를 보았느냐 그가 모든 높은 산에 오르며 모든 푸른 나무 아래로 가서 거기서 행음하였도다 그가 이 모든 일을 행한 후에 내가 말하기를 그가 내게로 돌아오리라 하였으나 오히려 내게로 돌아오지 아니하였고 그 패역한 자매 유다는 그것을 보았느

니라 내게 배역한 이스라엘이 간음을 행하였으므로 내가 그를 내어쫓고 이혼서까지 주었으되 그 패역한 자매 유다가 두려워 아니하고 자기도 가서 행음함을 내가 보았노라 그가 돌과 나무로 더불어 행음함을 가볍게 여기고 행음하여 이 땅을 더럽혔거늘 이 모든 일이 있어도 그 패역한 자매 유다가 진심으로 내게 돌아오지 아니하고 거짓으로 할 뿐이니라 여호와의 말이니라 여호와께서 내게 이르시되 배역한 이스라엘은 패역한 유다보다 오히려 의로움이 나타났나니 너는 가서 북을 향하여 이 말을 선포하여 이르라 여호와께서 가라사대 배역한 이스라엘아 돌아오라 나의 노한 얼굴을 너희에게로 향하지 아니하리라 나는 긍휼이 있는 자라 노를 한 없이 품지 아니하느니라 여호와의 말이니라 너는 오직 네 죄를 자복하라 이는 네 하나님 여호와를 배반하고 네 길로 달려 모든 푸른 나무 아래서 이방 신에게 절하고 내 목소리를 듣지 아니하였음이니라 여호와의 말이니라 나 여호와가 말하노라 배역한 자식들아 돌아오라 나는 너희 남편임이니라 내가 너희를 성읍에서 하나와 족속 중에서 둘을 택하여 시온으로 데려오겠고(렘 3:6-14).

사랑하는 여러분, 하나님께로 달려가 하나님을 의지하고 있습니까? 만약 그렇지 않다면 누구를 향해 달려가고 있습니까? 당신이 추구하는 것, 살아가는 데 필요한 가치와 평가와 목적, 기쁨과 만족을 주는 사람, 지위나 물질적인 소유로 되돌아가고 있습니까? 갈증을 해소하기 위해서 무엇을 마시고 있습니까? 이미 만족하고 있습니까?

하나님을 믿으면서도 동시에 간음을 하고 있지는 않습니까? 나의 친구여, 하나님께서 묵과하실 것이라고 생각하십니까? 그렇지 않습니다. 온 마음과 영혼과 생각과 몸과 힘을 다하여 하나님께로 돌아가십시오.

삶에 적용하기

만약 당신이 괴로움을 느끼고 있다면, 또는 하나님이 당신을 기뻐하지 않을 것이라는 의심이 생긴다면, 아마도 당신은 해서는 안 될 일을 했을 것입니다. 아마 당신은 당신의 선택을 하나님께서 어떻게 보실지 부담스럽고 걱정스러운 마음이 들 때도 있을 것입니다. 사랑하는 여러분, 만약 그렇다면 좋은 일입니다. 그런 고민들은 우리가 처해 있는 곳에서 잠시 멈추어 우리 자신을 긍정적으로 바라보도록 만들어, 우리가 어디로 가야 할지 판단할 수 있도록 해 줍니다. 그때 우리는 삶에 대한 성경적인 분별을 할 수 있습니다.

시편 119편을 읽어 봅시다.

고난 당하기 전에는 내가 그릇 행하였더니 이제는 주의 말씀을 지키나이다 주는 선하사 선을 행하시오니 주

의 율례로 나를 가르치소서

고난 당한 것이 내게 유익이라 이로 인하여 내가 주의 율례를 배우게 되었나이다(시 119:67-68, 71).

시간을 내어 하나님과 이야기를 나누어 보십시오. 어린아이처럼 그분의 팔에 달려가서 말하십시오.

"아바 아버지, 당신은 내가 어디에 있는지, 내가 무엇을 하고 있는지, 얼마나 어리석은지 알고 계십니다. 나를 구하소서. 당신의 말씀과 삶의 교훈으로 나를 가르치소서. 그리하면 저는 그릇된 모든 것을 미워할 것입니다."

"누가 이 세상을 다스리는가?"라는 의문이 생길 때

3장
하나님은 그곳에 계십니다
통치의 보좌를 떠나지 않으십니다

만군의 여호와께서 맹세하여 가라사대 나의 생각한 것이 반드시 되며 나의 경영한 것이 반드시 이루리라…만군의 여호와께서 경영하셨은즉 누가 능히 그것을 폐하며 그 손을 펴셨은즉 누가 능히 그것을 돌이키랴

이사야 14:24, 27

더 이상은 어떻게 해 볼 수 없는 분노와 절망, 혼란과 슬픔에 압도되어 본 적이 있습니까? 어떤 상황으로 인하여 정당한 분노가 일어났던 적이 있습니까? 통제할 수 없는 분노를 느껴 본 적이 있습니까? 아니면 불의한 일로 인해 분노를 느껴 본 적이 있습니까? 혹은 일어나지 말았어야 하는 일이 일어나 분노를 느낀 적이 있습니까? 심지어

마음속 깊은 곳에서부터 하나님을 향한 분노가 치솟아 오른 적이 있습니까?

그런 상황에서 어떻게 하십니까? 여러분은 분노의 감정을 어떻게 조절하며 살아가고 있습니까? 어떻게 감정에 정복되지 않고 정복자로서 그 위에 설 수 있습니까?

그리스도인도 이러한 감정에서 예외가 될 수 없습니다. 심지어 영적으로 성숙한 사람일지라도 이런 문제에 부딪힐 수 있습니다. 그러나 나의 친구여, 당신은 이런 상황에 사로잡혀 절망이라는 감옥에 빠져서는 안 됩니다. 하박국 선지자의 행동을 기억해 보십시오.

하박국 선지자는 괴로움 가운데도 함께하시는 하나님께 나아갔습니다. 비록 그의 상황은 전혀 변하지 않았지만, 우리가 아는 것처럼 그는 정복자의 길을 걸었습니다. 그는 미끄러지지 않는 분명한 발걸음으로 높은 곳을 다니게 되었습니다(합 3:19).

하박국이라는 이름은 '껴안은 자', 혹은 '어루만지는 자'라는 뜻을 가지고 있습니다. 하나님께서 남유다의 죄를 묵인하시는 것처럼 보였을 때, 그는 하나님을 향한 자신의 절망을 묻어 두지 않았습니다. 그는 자신이 목격한 죄악에 대하여 침묵하시는 것처럼 보이는 하나님을 향하여 분노를 표현했습니다. 그는 영성의 외투 안에 자신의 감정이나 의문을 숨기지 않았습니다. 그는 자신의 감정을 억누르려고 하지 않았고 자기 마음속에서 불타고 있는 감정에 대해서도 부인하지 않았습니다. 오히려 하박국은 그 이름처럼 모든 것을 드러내어 어려운 문제들에 대해 하나님께 물었습니다. 그는 믿음으로 언약을 지키시는 하나님과 그분의 말씀을 신뢰했습니다.

당신은 하박국이 신실한 사랑 안에서 하나님을 붙잡은 것이 곧 그분의 마음을 만지는 것이었다는 사실을 알고 있지 않습니까? 그리고 본질적으로 그는 "아버지, 저는 당신이 나를 위해서 무엇을 할 수 있거나, 혹은 무언가를 하실 것이기 때문에 당신을 사랑하는 것이 아닙니다. 저는 당신이기 때문에 당신을 사랑합니다. 아버지, 저는 당신을 신뢰합니다. 저는 당신이 나를 사랑하신다는 것을 알고 있습니다."라고 고백했습니다.

사랑하는 여러분, 당신에게도 이와 같은 고백이 필요합니다. 당신이 있는 곳을 인식하십시오.(어쨌든 하나님은 알고 계십니다!) 그리고 믿음으로 당신이 하나님에 대해 알고 있는 것을 붙잡으십시오.

혹시 하나님께서 당신의 기도를 듣고 계시지 않는 것처럼 느껴지십니까? 그렇다면 그분께 부르짖으십시오. 그리고 며칠이나 몇 주 안에 어떻게 응답하시는지 보십시오. 하나님께서 말씀하실 것입니다! 그분은 당신의 환경을 바꾸시거나 당신의 짐을 없애지는 않으실 것입니다. 그렇지만 하나님의 말씀을 통해서 그분 안에서 기뻐할 수 있고 당신의 능력이 되시는 그분을 발견할 수 있는 곳으로 당신을 인도하실 것입니다.

어려운 일이 생길 때마다 하나님께서는 항상 그곳에 계신다는 말씀 속에서 안식을 누릴 수 있습니다. 그분은 항상 모든 것을 주관하십니다. 당신이 기대하는 방식으로 응답하지 않으실지라도, 당신은 그분의 충분한 은혜를 발견하게 될 것입니다. 그러므로 시편 기자와 같이 고백할 수 있습니다.

> 내가 여호와께 구하매 내게 응답하시고 내 모든 두려움에서 나를 건지셨도다 저희가 주를 앙망하고 광채를 입었으니 그 얼굴이 영영히 부끄럽지 아니하리로다 이 곤고한 자가 부르짖으매 여호와께서 들으시고 그 모든 환난에서 구원하셨도다(시 34:4-6).

오, 나의 친구여, 믿음으로 하나님을 받아들이시겠습니까? 무조건적인 사랑으로 그분을 사랑하시겠습니까? 믿음으로 그분을 기뻐하겠습니까? 당신은 하나님의 형상을 따라 만들어졌습니다. 하나님은 당신이 경험하는 그 감정을 친히 경험하십니다. 당신은 아버지이신 하나님께 하박국 선지자처럼 고백할 수 있습니까? 바로 지금 그분께 말씀하십시오.

통치하시는 하나님 신뢰하기

지금 우리는 도저히 이 절망스러운 날들을 헤쳐 나갈 수 없을 것처럼 보이는 어두움과 절망의 시대를 살고 있습니다. 하나님께서 당신의 부르짖음을 듣지 않으시거나 당신의 기도에 응답하지 않으시는 것처럼 여겨질 때, 다음의 다섯 가지 원리를 기억해야 합니다.

그 원리를 완전하게 이해하여 마음속에 간직할 수 있도록 각각을 상세하게 알아볼 것입니다. 이러한 진리들은 캄캄한 심판과 유혹의 시대에 속해 있는 당신을 안전하게 붙잡아 줄 것입니다.

1. 하나님이 통치하십니다. 그분은 나라들을 다스리십니다. 그분은 역사를 주관하십니다.
2. 모든 역사는 이스라엘과 교회, 이 두 그룹을 중심으로 진행됩니다.
3. 우리가 보든지 보지 않든지, 우리가 이해하든지 못하든지 간에, 하나님께서 행하시는 일에는 목적이 있습니다.

4. 우리의 시간은 하나님의 손 안에 있습니다.

5. 두려움과 의심은 믿음으로 기뻐할 때 극복됩니다.

하박국 3장에 귀를 기울여 보십시오.

> 비록 무화과나무가 무성치 못하며 포도나무에 열매가 없으며 감람나무에 소출이 없으며 밭에 식물이 없으며 우리에 양이 없으며 외양간에 소가 없을찌라도 나는 여호와를 인하여 즐거워하며 나의 구원의 하나님을 인하여 기뻐하리로다 주 여호와는 나의 힘이시라 나의 발을 사슴과 같게 하사 나로 나의 높은 곳에 다니게 하시리로다 이 노래는 영장을 위하여 내 수금에 맞춘 것이니라(합 3:17-19).

얼마나 확신과 신뢰와 사랑에 가득 찬 목소리입니까? 성경 어디에도 이보다 더 믿음에 찬 선포는 없을 것입니다. 하박국은 하나님께 어려운 질문을 했습니다. 그리고 하나님께서 응답하셨을 때 그는 믿음으로 순종했습니다.

무엇이 사람으로 하여금 이렇게 충성의 서약을 할 수 있도록 만듭니까? 그것은 바로 하나님이 누구이신지를 깨닫는 것과 또 하나님은 언약을 성취하시며 어느 누구도 그분의 목적을 방해할 수 없다는 사실을 깨달음으로써 가능합니다.

하박국 3:17-19은 바로 우리의 요동하지 않는 믿음의 선언이며, 당신과 나를 위한 기도입니다.

하나님이 주관하십니다

하박국 선지자는 왜 하나님께서 도움을 청하는 자기의 부르짖음에 응답하지 않으시는지, 왜 자기로 하여금 부정과 폭력과 파괴를 보게 하시는지, 그리고 폭력 앞에서 왜 의인을 구원하지 않으시는지에 대해 하나님께 물어 보았습니다. 하박국은 하나님께서 왜 악한 자들이 의인을 둘러싸도록 허용하는지, 그리고 공의가 왜곡되도록 허용하시는지 이해할 수 없었습니다. 이러한 하박국의 의문이 지금 당신의 마음속에서도 메아리치고 있지 않습니까?

하박국 1:5에 나오는 하나님의 응답에 귀를 기울여 보십시오. "너희는 열국을 보고 또 보고 놀라고 또 놀랄지어다 너희 생전에 내가 한 일을 행할 것이라 혹이 너희에게 고할찌라도 너희가 믿지 아니하리라."

비록 하박국이 아직은 볼 수 없다고 할지라도 하나님께서는 이미 행하고 계셨습니다. 하나님께서는 당신의 영광스러운 목적을 위해서 흉악한 이방 나라인 바벨론을 일으키셨습니다. 그리고 그들을 통하여 어떤 일을 진행하셨습니다. 하박국에게는 이 모든 일들이 이해하기 어려웠지만, 역사를 주관하시며 모든 나라들을 통치하시는 하나님은 당신의 백성 남유다를 심판하시기 위해 바벨론을 사용하고 계셨습니다!

이 견해는 수만 명의 유대인들을 학살한 히틀러(Hitler)나 중국 공산당과 같은 이들의 광적인 잔악성을 기억하는 당신 앞에 많은 의문들을 던져 줄지도 모릅니다. 그러나 제발 이 책을 덮어 버리지 마십시오. 이제 성경에서는 하나님의 주권에 대해서 어떻게 말씀하고 있는지에 대해 이야기하는 것에 귀를 기울이십시오.

하박국은 하나님의 주권을 이해했기 때문에 하박국 3:17-19에서와 같은 고백을 할 수 있었을 것입니다. 영어 성경 New American Standard Exhaustive Concordance를 보면 하박국은 하나님을 설명하기 위해서 "주 여호와" (Lord God)라는 이름을 사용했습니다. "주"는 히브리어로 '아도나이'(Adonai)로서 '주인, 통치자'라는 뜻입니다. 하나님에 대한 히브리어는 '야훼'(YHWH)인데 이는 '존재하는 것'을 의미합니다. '야훼', 혹 '여호와'는 하나님이 스스로 존재하시는 분이심을 나타냅니다. 이는 하나님의 이름 중에서 가장 신성한 이름입니다. 그래서 이 두 이름인 '아도나이 야훼'를 조합하게 되면 그 이름은 영어 성경 NIV에 번역된 것과 같이 '주권자 주님' (Sovereign LORD)이 됩니다.

오, 사랑하는 여러분, 무슨 일이 진행되고 있는지 이해할 수 없을 때, 그리고 하나님이 왜 즉시 개입하지 않으시고 불의를 허용하시는지 이해할 수 없을 때, 우리는 하나님의 주권에 대한 진리 안에서 안식을 누릴 필요가 있습니다. 하나님의 주권에 대한 진리처럼 시련과 시험 속에 있는 나를 지탱해 주는 것은 아무것도 없습니다.

역사는 하나님의 손 안에 있습니다

다니엘 4:34-35은 하나님의 주권에 대해 분명하게 제시해 주고 있는 말씀 가운데 하나입니다. 당시의 정황에 비추어 본문을 살피면서 이것이 하박국 선지자와 그리고 고난의 날에 생각해야 하는 첫 번째 원리와 어떠한 연관이 있는지 살펴봅시다.

하나님께서 통치하십니다. 하나님은 모든 나라를 통치하십니다. 그분은 역사를 주관하십니다.

하나님께서는 하박국에게 "땅의 넓은 곳으로 다니며 자기의 소유 아닌 거할 곳들을 점령하는… 사납고 성급한 갈대아 사람"을 일으키실 것이라고 말씀하셨는데, 그들을 통하여 남유다는 자신들의 죄에 대한 징계를 받게 될 것입니다(합 1:6, 12). 다니엘서는 '고난의 날'의 시작에 대한 설명으로 시작합니다. 이것은 하박국이 "무리가 우리를 치러 올라오는" 것을 예견하며 조용히 기다렸던 날이기도 합니다(합 3:16).

다니엘서는 "유다 왕 여호야김이 위에 있은 지 삼년에 바벨론 왕 느부갓네살이 예루살렘에 이르러 그것을 에워 쌌더니 주께서 유다 왕 여호야김과 하나님의 전 기구 얼마를 그의 손에 붙이시매"(단 1:1-2)라고 시작합니다. 하나님은 하박국에게 말씀하셨던 것처럼 여호야김을 바벨론에 넘겨 주었습니다.

우리가 앞에서 이야기했던 것과 같이 예루살렘이 B.C. 586년에 최종적으로 멸망하기 전에 세 차례의 침공이 있었습니다. 여러분은 다니엘이 첫 번째 침공 때 포로로 잡혀갔다는 사실을 기억할 것입니다. 느부갓네살 왕은 얼마 안 있어 하나님의 주권을 인식하기 시작했습니다. 다니엘 4장은, 그것이 왕에 의해 받아 쓴 것이든 직접 쓴 것이든 간에, 그가 하나님의 주권에 대해 얼마나 인식하고 있는지를 말해 줍니다.

느부갓네살은 "인생으로 지극히 높으신 자가 인간 나라를 다스리시며 자기의 뜻대로 그것을 누구에게든지 주시며 또 지극히 천한 자로 그 위에 세우시는 줄을 알게 하려 함이니라"는 꿈을 하나님으로부터 받았습니다(단 4:17).

하나님께서는 이 꿈뿐만이 아니라 명확하고 놀라운 개입을 통해서 느부갓네살의 통치에 대해 분명하게 말씀하셨습니다. 그러나 그는 온전히 깨닫지 못했습니다. "열두 달이 지난 후에 내가 바벨론 궁 지붕에서 거닐쌔 나 왕이 말하여 가로되 이 큰 바벨론은 내가 능력과 권세로 건설하여 나의 도성을 삼고 이것으로 내 위엄의 영광을 나타낸 것이 아니냐 하였더니"(단 4:29-30).

느부갓네살 왕도 다른 사람들과 다를 바가 없었습니다. 그렇지 않습니까? 우리도 종종 우리 자신이 운명의 주인이라고 생각합니다. 우리가 우리의 운명을 결정할 수 있다고 생각합니다. "각양 좋은 은사와 온전한 선물이 다 위로부터 빛들의 아버지께로서 내려오나니"(약 1:17)와

"하늘의 군사에게든지 땅의 거민에게든지 그는 자기 뜻대로 행하시는"(단 4:35) 하나님이시라는 것을 잊어 버립니다.

그러나 결코 주님은 우리가 그런 어리석음을 지속하는 것을 허용하지 않으실 것입니다. 느부갓네살의 교만은 그가 자랑하던 모든 것을 거두어 가는 결과를 초래하게 되었습니다. 왕은 이성을 잃었고 들짐승과 같이 되어 버렸습니다. 그는 7년 동안 풀을 먹으며 들에서 가축들과 더불어 살았습니다. 얼마나 끔직하고 굴욕적인 일입니까!

하나님께서 느부갓네살 왕의 정신을 잃게 함으로 그를 겸손하게 만드신 이후에야, 그는 이성을 되찾고 왕위를 찾게 되었습니다. 그 결과 느부갓네살은 하나님에 대해 다음과 같이 말했습니다. "그 권세는 영원한 권세요 그 나라는 대대에 이르리로다 땅의 모든 거민을 없는 것 같이 여기시며 하늘의 군사에게든지 땅의 거민에게든지 그는 자기 뜻대로 행하시나니 누가 그의 손을 금하든지 혹시 이르기를 네가 무엇을 하느냐 할 자가 없도다"(단 4:34-35).

사랑하는 여러분, 하나님께서는 우리에게 하늘과 땅의 모든 것을 통치하신다고 말씀하고 계십니다. 이 통치의 대상은 천사장을 비롯한 선한 천사뿐 아니라, 세상 권력의 배후 세력인 사단과 마귀까지도 포함되어 있습니다. 사단이나 마귀도 하나님의 허용을 벗어나서는 아무것도 할 수 없습니다.

그래서 고린도전서 10:13에 따르면 우리는 삶에 어떤 시험이 닥쳐온다고 할지라도 감당할 수 있는 것입니다! 당신이 어떠한 환경 속에서도 예수 그리스도를 통해 승리자가 될 수 있다는 것은 그리 놀라운 일이 아닙니다(롬 8:35-39)!

당신은 승리자로 살 수 있음은 물론이고, 하나님은 그분의 뜻대로 이 땅 모든 거민들 사이에서 행하시기 때문에 땅에 있는 어느 누구도 그분의 허락이 없이 아무것도 행할 수 없습니다. 이 진리는 어떤 존재도 하나님을 능가하거나 놀라게 할 수 없다는 것을 의미합니다. 이 진리는 또한 당신이 어떤 문제에도 불구하고 하나님 안에서 기뻐할 수 있는 이유를 나타냅니다. "범사에 감사하라 이는 그리스도 예수 안에서 너희를 향하신 하나님의 뜻이니라" (살전 5:18).

하나님께서는 통치자이시기 때문에 "하나님을 사랑하는 자 곧 그 뜻대로 부르심을 입은 자들에게는 모든 것이 합력하여 선을 이루느니라"는 것을 약속하실 수 있습니다. 왜냐하면 하나님께서 미리 아신 자들로 하나님의 아들의 형상을 본받도록 섭리하셨기 때문입니다(롬 8:28-29). 하나님은 통치자이시기 때문에 당신을 향해 행악하는 자들이 있을 때조차도 그 모든 것들로 결국은 당신에게 선을 이루실 것입니다. 그분은 삶의 모든 고난과 시험과 비극에서 우리를 구원하시는 분이십니다.

사랑의 손가락을 통해 걸러집니다

저는 29살이 되어서야 비로소 구원을 받게 되었습니다. 그 전까지만 해도 하나님께서 원하시는 것과는 다른 어리석은 자아상을 갖고 있었기 때문에 무척 혼란스러웠습니다.

저는 완벽한 사람이 되고 싶었지만 그렇지 못했습니다.

선한 사람이 되려고 노력했지만 그럴 수 없었습니다.

나를 그리스도인이라고 생각했지만 그렇지 않았습니다.

단지 종교인에 불과했습니다.

나 자신으로부터 도망친 채 행복한 결혼만을 간절히 원했습니다. 절대 이루어질 수 없는 완벽한 결혼, 완벽한 가족, 완벽한 가정을 꿈꾸었습니다. 29살이 되었을 때 저는 두 아들을 둔 이혼녀가 되었습니다. 그것은 내가 선택한 이혼이었습니다. 그러나 그것이 타락의 시작이었습니다. 저는 결혼이라는 굴레를 벗어 버린 채 사랑받기 위한 욕망에 빠져 부도덕한 여자가 되어 버렸습니다.

결국 죄의 노예가 된 내 자신의 참 모습을 보게 되었습니다. 1963년 7월 16일, 저는 예수 그리스도를 알게 되었고, 새로운 피조물이 되었습니다. 저의 삶을 변화시킨 거룩한 성령께서 하신 일은 얼마나 놀라운지요! 이제는 죄에 대해서 "No!"라고 말할 수 있게 되었으며, 하나님의 말씀을 읽고 이해할 수 있다는 사실이 엄청난 기쁨이 되었습니다. 그 당시에는 이 모든 것이 하나님의 자녀들에게 주어진 당연한 권리라는 것을 몰랐습니다(고전 2:9-16).

예수 그리스도를 알고 난 이후 하나님께서는 나를 믿음으로 인도해 줄 신실한 사람을 보내 주셨습니다. 저는 마치 마른 스펀지같이 하나님에 대한 모든 것을 잘 받아들일 수 있었습니다. 어느 날 데이브(Dave)와 내가 거실에 앉아 있을 때 그가 인장 반지를 빼서는 손가락이 하얗게 될 때까지 손가락에 찍었습니다. 그는 "케이, 이제 당신은 예수 그리스도께 속했어요. 당신은 이 반지와 같고 내 손은 하나님의 손과 같소. 당신은 하나님의 손 안에 있어요. 그 누구도 하나님의 허용하심이 없이는 당신을 만질 수 없고 볼 수 없고 말할 수도 없소."라고 말했습니다.

그때는 그것을 깨닫지 못했습니다. 그러나 데이브는 저에게 하나님의 주권에 대해서 가르쳐 주었습니다. 이후에 하나님의 지식이나 허용하심이 없이는 그 어떤 일도 일어나지 않을 것이라는, 하나님의 통치하심에 대해 데이브가 말했던 것을 보다 확실하게 이해하게 되었습니다.

저는 또한 통치하시는 손에 나를 쥐고 계신 하나님이 사랑의 하나님이시라는 사실을 이해하게 되었습니다(요일 4:10). 내 삶에서 일어나는 모든 일은 그분의 사랑의 손가락을 통해 걸러져야만 했습니다.

"사랑의 손가락을 통해 걸러진 것"은 제가 학생들에게 자주 사용하는 문구가 되었습니다. 그래서 그들도 역시 시험당할 때 그 말씀에 매달릴 수 있었습니다.

내가 데이브와 결혼하기를 원했을 때, 그리고 상담자들이 나의 이혼 경력을 이유로 데이브에게 결혼하지 말라고 충고했을 때도 저는 이 진리에 매달렸습니다.

내가 과거를 돌이켜 전 남편과 다시 결혼하고 싶다고 하나님께 말했을 때, 그리고 그의 집에 가서 나의 기쁨을 전하기도 전에 그의 자살 소식을 접하게 되었을 때에도 저는 이 진리에 매달렸습니다.

하나님은 통치하십니다. 그분은 모든 것을 다스리십니다. 그분은 나를 사랑하십니다. 그분은 나의 지고한 선을 원하십니다.

오, 하나님의 사랑하는 자녀들이여, 당신은 당신의 삶에서, 혹은 당신의 가족 안에서, 당신의 나라에서 무슨 일을 만나든지, 하박국이 그랬던 것처럼 당신의 구원이 되시는 하나님 안에서 기뻐할 수 있습니까? 당신의 삶에 있는 모든 것은 사랑의 하나님의 손을 통해 여과된 것입니다.

하나님의 통치를 이해하는 것은 즐겁고 신비하며 위로를 주지 않습니까? 당신은 하박국이 어떻게 3:17-19처럼 고백할 수 있었는지 분명하게 이해하고 있습니까? 무슨 일이 일어났는지는 중요하지 않습니다. 왜냐하면 하나님께서 다스리시기 때문입니다. 하나님의 자녀라면 결국 높은 곳에서 사슴과 같은 발로 다닐 수 있게 될 것입니다.

당신이 하나님의 인격과 통치에 대한 가르침을 이해하고 받아들이게 될 때, 폭풍우가 몰아치는 삶 가운데서도 중심부의 고요함을 발견하게 될 것입니다.

하나님께서 모든 것을 다스리시기 때문에 이 세상에 우연은 없으며, 사단이나 사람의 책략도 하나님의 뜻을 방해할 수 없습니다. 이 사실을 이해할 때, 당신은 하늘의 평안을 누릴 수 있습니다.

그때 우리는 로마서 8:28-30의 약속이 진리라는 것을 쉽게 이해할 수 있습니다. "우리가 알거니와 하나님을 사랑하는 자 곧 그 뜻대로 부르심을 입은 자들에게는 모든 것이 합력하여 선을 이루느니라 하나님이 미리 아신 자들로 또한 그 아들의 형상을 본받게 하기 위하여 미리 정하셨으니 이는 그로 많은 형제 중에서 맏아들이 되게 하려 하심이니라 또 미리 정하신 그들을 또한 부르시고 부르신 그들을 또한 의롭다 하시고 의롭다 하신 그들을 또한 영화롭게 하셨느니라"(롬 8:28-30).

당신이 예수님의 형상을 닮아가기 위해 하나님께서 모든 것을 합력하여 선을 이루신다는 진리를 붙잡고 따르게 될 때, 당신은 모든 것이 그리스도 예수 안에서 당신을 향하신 하나님의 뜻이라는 사실을 알게 됨으로 인하여 믿음으로 기뻐하고 모든 것에 감사할 수 있습니다(살전 5:18).

이제 지금 멈추어서 믿음으로 그분께 감사하십시오.

삶에 적용하기

고통스러운 일이 생길 때마다 스스로 하나님께 "전능하신 하나님, 시편 103:19에서 전능하신 하나님이신 당신의 주권으로 모든 것을, 심지어 나의 실수까지도 다스리시며, 결국 이것을 사용해서 예수님을 닮도록 하시겠다고 말씀하셨기에 저는 당신을 믿을 것입니다. 저에게 어디로 가야 할지 가르쳐 주시옵소서."라고 말씀하십시오.

사랑하는 여러분, 만약 당신이 이렇게 하게 된다면 완전한 이해와 확신으로 다가오는 평강을 누리게 될 것입니다.

세상이 당신을 망하게 만들 것처럼 보일 때

4장
하나님은 그곳에 계십니다
그분이 누구인지 기억하십시오

오직 저만 나의 반석이시요 나의 구원이시요 나의 산성이시니 내가 요동치 아니하리로다 나의 구원과 영광이 하나님께 있음이여 내 힘의 반석과 피난처도 하나님께 있도다

시편 62:6-7

지금 당장은 심한 좌절감과 중압감으로 인생이 하찮게 여겨져서 삶을 끝내 버리고 싶은 유혹이 들 수도 있습니다.

또는 스캔들이 있거나 이혼을 했기 때문에 멀리 도망쳐 떠나고 싶은 생각이 들지도 모릅니다. 거룩함을 잊고 행복을 추구하고 싶다는 유혹이나, 혹은 믿음과 타협하고자 하는 유혹에 빠져 있습니까? 아마도 믿음이 당신을 바보

로 만들거나 외롭게 만든다고 느끼고 있을지도 모릅니다. 어쩌면 부담감이나 순종하는 것을 집어치우려는 생각을 하고 있는지도 모릅니다. 그렇지 않다면 죽음의 달콤한 평안 속으로 달아나 이 모든 것을 끝내 버리려는 생각을 하고 있을지도 모릅니다. 그러나 그것이 정말 평안을 가져다 줍니까, 아니면 지옥입니까?

아마… 아마… 아마도.

이런 생각들을 해 본 적이 있습니까? 나의 친구여, 이것은 건전하지 못합니다. 만약 당신이 이런 생각들에 사로잡혀 있다면, 그것들은 당신을 황폐하게 만들거나 파멸시킬 것입니다.

고린도후서 10:3-6은 우리가 전쟁 가운데 있는데, 그 전쟁은 우리의 마음에 있다고 가르치고 있습니다. 잠언 기자는 "그 마음의 생각이 어떠하면 그 위인도 그러한즉"이라고 말했습니다(잠 23:7). 우리 영혼의 적인 사단도 이것을 알고 있습니다. 사단이 독이 묻은 화살로 당신의 마음을 표적으로 삼는 이유가 바로 그것입니다. 사단은 당신이 하나님의 인격과 하나님의 말씀에 반대되는 것을 생각하기를 원합니다. 사단의 책략은 하나님과 다른 사람을 고소하는 것입니다. 사단은 당신을 설득하여 하나님과 별개로 행동하게 하고 성령보다는 육체를 따라 행하도록 합니다.

하나님의 말씀에 맞지 않는 것은 거짓입니다. 거짓은 하나님을 향한 전적인 순종에 맞서게 하는 사단의 계략입니다. 사람이 이것을 좇는다면 살아 있는 지옥인 불행을 가져올 뿐이며, 이는 사단의 행복을 위한 지름길입니다.

이에 대한 해결 방안은 하나님의 인격에 대한 확실성에 초점을 두고 믿음으로 그분의 모든 것을 받아들이는 것입니다. 하나님의 지식에 대적하여 생기는 상상과 높아진 생각들을 다 파하고 모든 생각을 사로잡아 그리스도께 복종케 하십시오(고후 10:5).

하박국 선지자는 우리가 비록 이해하고 받아들이기 어려운 상황일지라도 해야만 하는 것을 했습니다. 그는 하나님이 어떻게 그리고 왜 그렇게 행하시는지 완전하게 이해하지 못했음에도 불구하고, 하나님이 어떤 분인지를 기억했기 때문에 믿음으로 나아갈 수 있었습니다. 하박국이 행한 것을 신중하게 살피십시오. 사랑하는 여러분, 우리도 이렇게 해야 할 시간이 다가오고 있습니다. 어쩌면 그날이 오늘일 수도 있습니다.

하박국 선지자는 다음과 같이 말합니다.

"여호와 나의 하나님, 나의 거룩한 자시여 주께서는 만세 전부터 계시지 아니하시니이까 우리가 사망에 이르지 아니하리이다 여호와여 주께서 심판하기 위하여 그를 두셨나이다 반석이시여 주께서 경계하기 위하여 그를 세우셨나이다 주께서는 눈이 정결하시므로 악을 참아 보지 못하시며 패역을 참아 보지 못하시거늘 어찌하여 궤휼한 자들을 방관하시며 악인이 자기보다 의로운 사람을 삼키되 잠잠하시나이까"(합 1:12-13).

하박국은 하나님에 대해 무엇을 기억했습니까?

요동치 않는 영원한 반석

첫째, 그는 하나님이 영원하시다는 사실을 기억했습니다. 하나님은 처음과 나중이시며 영원부터 영원이십니다(계 21:6). 그분은 항상 존재하시며 또 영원히 존재하실 분이십니다. 만약 하나님께서 영원하시다면 그분 안에서 모든 만물의 시작과 끝을 알게 됩니다. "만물이 그로 말미암아 지은바 되었으니 지은 것이 하나도 그가 없이는 된 것이 없느니라"(요 1:3). "이는 만물이 주에게서 나오고 주로 말미암고 주에게로 돌아감이라 영광이 그에게 세세에 있으리로다"(롬 11:36).

하나님 한 분만이 항상 여전히 계십니다. 그리고 그분은 변하지 않으시며 늘 동일하십니다. 당신의 배우자, 자녀, 부모, 그리고 사랑하는 사람들은 모두 사라지지만 하나님은 항상 그곳에 계십니다. 그분은 결코 당신을 떠나거나 버리지 않으실 것입니다(히 13:5).

하박국은 하나님을 선포했습니다. "반석이시여 주께서 경계하기 위하여 그를 세우셨나이다"(합 1:12). 모세가 광야에서 물을 내기 위해 반석을 쳤을 때부터 하나님께서는 자신이 반석이라는 것을 알게 하셨습니다. 바울은 이 사건을 두고 "다 같은 신령한 음료를 마셨으니 이는 저희를 따르는 신령한 반석으로부터 마셨으매 그 반석은 곧 그리스도시라"(고전 10:4)고 말했습니다.

우리는 폭력과 파괴와 죄악과 불안으로 가득한 사회 한복판에 살고 있기 때문에, 반석이신 하나님 위에서 우리의 삶을 신중하게 세워 나가고, 우리보다 높으신 반석의 하나님께로 달려 나가는 것을 배우는 일은 매우 중요합니다. 만약 우리가 이렇게 살아갈 수만 있다면, 우리를 둘러싼 모든 문제 속에서도 결코 요동하지 않고 안정되고 견고한 삶을 살아갈 수 있을 것입니다.

오, 나의 친구여, 당신이 보지 않았습니까? 당신의 삶과 가족과 나라에서 일어나는 어떤 변화에도 상관없이, 당신이 안식할 수 있는 단 하나의 안정적인 요소인 하나님께서 언제나 그곳에 계십니다. 그분은 움직이지 않는 반석이십니다. 당신은 그분께로 피할 수 있습니다.

당신의 영원한 아버지이신 그분은 항상 넓은 팔을 펴신 채 그곳에 계십니다.

하나님의 영원하심은 하박국이 기억해 낸 하나님의 첫 번째 속성이었습니다. 하나님의 소중한 자녀여, 당신의 역사는 변할지라도 하나님의 뜻은 변하지 않는다는 사실을 묵상해 보지 않겠습니까? 그분은 영원하십니다. 그분은 당신의 삶에 안정을 가져다 주십니다. 믿음으로 이것을 구하십시오.

스스로 존재하는 자

하나님은 영원하실 뿐만 아니라 스스로 존재하시는 분이십니다. 우리가 배운 것처럼 야훼(여호와)는 스스로 위대한 자인, 스스로 존재하시는 분을 나타내는 히브리어 이름입니다. 영어 성경 NASB는 이 단어를 모두 대문자로 이루어진 "주님"(LORD)으로 표기했습니다.

잠시 시간을 내어 출애굽기 3장을 읽으십시오. 하나님이 떨기나무 불꽃 가운데 모세에게 나타나셔서, 그를 속박의 집인 애굽에서 이스라엘을 구원할 자로 보내셨을 때, 모세에게 어떻게 반응하셨는지 자세히 살펴보십시오.

만약 "나는 존재한다"(I AM)가 모든 세대에 걸친 하나님의 기념적인 이름이라면, 그것은 당신의 세대에도 역시 마찬가지입니다. 지금도 그분은 스스로 존재하시는 위대한 분이십니다. "나는 전부이며 너에게 필요한 모든 것이다." 흥분되지 않습니까? 만약 우리가 그것을 믿기만 한다면 우리는 하나님으로 인해 살아가게 될 것입니다.

"여호와의 이름은 견고한 망대라 의인은 그리로 달려가서 안전함을 얻느니라"(잠 18:10). 하박국은 하나님이 누구이신지 알았을 때 정확히 그렇게 행했습니다. 하박국은 하나님이 누구이신지에 대해 초점을 맞췄기 때문에 어두웠던 시대에도 불구하고 승리자보다 더 위대한 자로 살아갈 수 있었습니다. 그것은 하박국 3:18에 분명하게 나와 있습니다. "나는 여호와로 인하여 즐거워하며 나의 구원의 하나님을 인하여 기뻐하리로다"라고 선포했습니다. 그는 스스로 계시는 위대한 자인 야훼의 이름을 다시 한번 사용했습니다.

하박국의 존재와 행복은 무화과나무나 과일 나무, 감람나무와 밭의 식물이나 외양간의 소에 있지 않았습니다. 그의 존재는 그의 야훼, 스스로 존재하시는 분께 달려 있었습니다. 스스로 존재하시는 분은 항상 하박국의 능력이 되어 그곳에 계시며, 그에게 미끄러지지 않는 사슴의 발을 주셨습니다.

하나님은 변하지 않으시기 때문에 당신에게도 동일하십니다. 스스로 존재하시는 그분은 하박국에게 그러셨던 것처럼, 당신에게도 당신이 필요로 하는 전부이십니다. 당신이 그분을 높이게 되는 그 순간에 이 사실을 발견하게 될 것입니다.

창조자

하박국은 또한 주님이 자신의 '엘로힘'(Elohim)이 되신다는 것을 기억했습니다. 하박국은 "여호와 나의 하나님, 나의 거룩한 자시여"라고 고백했습니다(합 1:12). 하박국 1:12에서 사용된 '하나님'에 대한 히브리어는 창조주로서의 하나님의 역할에 대해 사용하는 이름입니다.

'엘로힘'의 하나님께 집중하게 될 때 "믿음으로 모든 세계가 하나님의 말씀으로 지어진 줄을 우리가 아나니 보이는 것은 나타난 것으로 말미암아 된 것이 아니니라"는 히브리서 11:3의 고백을 떠올릴 수 있게 될 것입니다. 하나님은 통치하는 분이시며, 그분의 말씀에는 능력이 있어서 우주에 존재하는 모든 것들을 두셨습니다. 만약 하나님께서 말씀으로 세상을 지으실 수 있으시다면, 그분이 계획하신 모든 일들도 능력의 말씀으로 다스릴 수 있지 않겠습니까? 물론입니다!

'엘로힘'이라는 말처럼 그분은 모든 것을 창조하셨습니다. "만물이 그에게 창조되되 하늘과 땅에서 보이는 것들과 보이지 않는 것들과 혹은 보좌들이나 주관들이나 정사들이나 권세들이나 만물이 다 그로 말미암고 그를 위하여 창조되었고"(골 1:16). 나의 친구여, 이 진리는 선택 사항이 아니므로 우리는 순종해야 합니다. 무슨 일이 일어나든지 간에 우리는 "아버지, 저는 당신으로 인하여, 당신을 위해 존재합니다. 그러니 당신의 뜻대로 하시옵소서."라고 말해야만 합니다.

공의의 심판

하나님은 영원히 존재하시는 창조주이실 뿐만 아니라 이스라엘 중에 거룩한 분이십니다. 하나님께서 하박국에게 남유다의 심판에 대한 사실을 알려 주셨을 때, 하박국은 이 사실을 떠올렸습니다. 사단의 예리한 화살이 당신의 마음을 표적으로 삼을 때, 하나님의 거룩하심을 계속해서 떠올리십시오. 무언가 잘못되면 사람들은 종종 하나님을 원망하고 싶어 합니다. 하지만 거룩하신 하나님께서 잘못하실 리가 있습니까?

거룩함은 악에 오염되거나 잘못된 행실이 없는 완전히 깨끗한 상태를 말합니다. 무엇이 하나님의 거룩하심을 이루고 있습니까? 이것은 그분을 어떤 누구보다 거룩하게 만드는 하나님의 전적인 속성의 총합입니다. 하나님은 거룩하시기 때문에 그분은 잘못될 수가 없습니다. 만약 그렇다면 그분은 거룩하지 않은 것입니다. 세상에 악이 만연하도록 하나님께서 허용하신 일에 대한 하박국 자신의 생각이 무엇이든지 간에, 그는 하나님에 대한 진리를 부정할 수 없다는 것을 알았습니다. 그리고 그는 하나님이 거룩하시다는 사실을 알았습니다! 그는 하나님의 주권이 허용한 것을 가지고 하나님을 불의하다고 판단할 수 없었습니다.

사랑하는 여러분, 당신도 역시 마찬가지입니다. 만약 당신이 하나님의 거룩하심을 기억한다면 당신은 믿음으로 나아가게 될 것이며, 수많은 슬픔 속에서 스스로를 일으킬 수 있을 것입니다.

하박국은 하나님이 누구인가를 기억하면서, 하나님께서는 거룩하시기 때문에 바벨론을 통해 남유다를 징계하실 것을 알았습니다.

"여호와 나의 하나님, 나의 거룩한 자시여 주께서는 만세 전부터 계시지 아니하시니이까 우리가 사망에 이르지 아니하리이다 여호와여 주께서 심판하시기 위하여 그를 두셨나이다 반석이시여 주께서 경계하기 위하여 그를 세우셨나이다"(합 1:12).

언약의 하나님

하박국은 하나님께서 그들을 공의 가운데 심판하실지라도 그들이 결코 죽지 않을 것이라는 사실을 어떻게 알았습니까? 그렇다면 하박국이 "죽다"라는 단어를 통해서 설명하고자 하는 것은 무엇이겠습니까? 실제로 바벨론이 하나님의 선택한 자들을 침공해 왔을 때 많은 백성들이 죽었습니다!

그렇습니다. 누군가는 육체적으로 죽었습니다. 그러나 하나의 민족으로서의 이스라엘은 죽지 않았습니다. 그 민족은 사라지지 않았습니다. 나는 하박국이 이것을 의미했다고 믿습니다. 하박국은 하나님이 변치 않으시는 불변의 하나님이심을 알았습니다. 하박국은 하나님이 '베리트' (beriyth), 즉 언약을 지키시는 분이라는 것을 알았습니다.

히브리 단어인 '베리트'(beriyth)의 뜻은 '언약'입니다. 이 단어는 '고기 조각 사이를 지나며 이루어지는 조약이나 계약'을 의미합니다. 만약 두 사람이 언약을 맺는다면, 그들은 신성한 구속력이 있는 계약을 체결한 것입니다.

창세기 15:9-21에서 하나님께서는 친히 타는 횃불과 연기나는 풀무의 형상으로 고기 조각 사이를 지나가시며 이것은 깨어질 수 없는 언약이라는 것을 알리셨습니다. 바로 그날 하나님께서는 그 땅이 영원히 이스라엘의 것이 되리라고 약속하셨습니다. 이 언약은 후에 이삭과 야곱에 의해 확증되었습니다.

이스라엘 백성들이 애굽의 속박으로 인해 한숨을 쉬며 하나님께 부르짖었을 때 "하나님이 그 고통 소리를 들으시고 아브라함과 이삭과 야곱에게 세운 그 언약을 기억하사" 그들을 구원하시기 위해 모세를 보내셨습니다(출 2:24).

하나님께서는 언약을 지키시는 분이시며 거짓말을 하거나 당신의 입을 통해서 하신 말씀을 바꾸실 수 없습니다. 그렇기 때문에, 이스라엘 민족은 항상 하나의 민족으로서 존재할 것이었습니다. 하박국은 믿음으로 이 진리를 붙잡았기 때문에 이스라엘 민족이 죽지 않을 것이라는 사실을 알았던 것입니다. 하나님께서는 국가로서의 그들을 연단시키실 것이지만, 민족으로서의 그들을 근절시키지 않으실 것입니다.

예루살렘에 대한 바벨론의 마지막 공격이 있었음에도 불구하고 하나님께서는 예레미야의 편지를 통해 포로된 백성들에게 "바벨론에서 칠십년이 차면 내가 너희를 권고하고 나의 선한 말을 너희에게 실행하여 너희를 이곳으로 돌아오게 하리라"(렘 29:10-11)는 언약의 말씀을 주셨습니다. 하나님은 언약을 지키시는 분이십니다.

하나님의 자녀, 언약의 자녀

친구 중 한 명이 한때 완전히 실의에 빠져 고통스러워한 적이 있었습니다. 그녀는 어떤 죄를 범했는데 그것으로 인해 하나님께서 자신을 버렸다고 느꼈습니다. 사단의 속임

수입니다! 만약 하나님의 자녀인 당신이 죄를 범한다면 하나님께서는 당신을 징계하실 것입니다. 그러나 그분은 결코 당신을 버리거나 포기하지 않으실 것입니다(히 13:4-5). 하나님께서는 하나님의 것을 결코 버리지 않으십니다. 이 진리를 기억하는 것이 얼마나 중요한지 모릅니다.

우리는 하박국이 이 진리를 깨닫고 그 가운데서 안식했음을 알 수 있습니다. 왜냐하면 그는 "우리가 사망에 이르지 아니하리이다"라고 말했기 때문입니다. 하박국은 하나님께서는 언약을 지키시는 분이라는 것을 알았습니다.

만약 당신이 그리스도인이라면, 하나님의 진실된 자녀라면, 예수 그리스도 안에서 새로운 피조물이라면, 당신은 예수 그리스도와 함께 언약 안에 있습니다. 당신은 예수님께서 배반당하신 그날 밤에 무엇을 하셨는지 기억하십니까?

저희가 먹을 때에 예수께서 떡을 가지사 축복하시고
떼어 제자들을 주시며 가라사대 받아 먹으라 이것이 내

몸이니라 하시고 또 잔을 가지사 사례하시고 저희에게 주시며 가라사대 너희가 다 이것을 마시라 이것은 죄 사함을 얻게 하려고 많은 사람을 위하여 흘리는 바 나의 피 곧 언약의 피니라 그러나 너희에게 이르노니 내가 포도나무에서 난 것을 이제부터 내 아버지의 나라에서 새 것으로 너희와 함께 마시는 날까지 마시지 아니하리라 하시니라(마 26:26-29).

예수님께서 제자들에게 "내 아버지의 나라"에서 다시 한번 함께 잔을 나누게 될 것이라고 말씀하셨다는 것을 알고 있습니까? 예수님께서 하신 이 말씀은 무엇을 의미합니까? 그것은 아버지의 나라에서 그들과 함께 영원히 살게 될 날에 대한 언약입니다.

이 언약이 그들이 결코 다시는 죄를 짓지 않으리라는 것을 의미합니까? 결코 그렇지 않습니다. 그것은 그들이 예수님을 믿음으로 인하여 죄사함을 받으며 영생을 얻게 될 것을 의미합니다. 이것은 은혜의 언약입니다. 그러나 은혜는 죄 가운데 살아도 된다는 허가증이 아닙니다. 은혜는 성령의 선물로서 죄와 사망의 법을 극복할 수 있게 하는 은총입니다. 우리가 죄를 지었을 때 우리의 죄를 고백하면 하나님은 "미쁘시고 의로우사" 우리의 죄를 사하시며 모든 불의에서 깨끗하게 하실 것입니다(요일 1:9).

하나님께서 당신을 징계하실 때, 그것은 당신을 버리셨다는 의미가 아닙니다. 그분이 당신과 언약을 맺으셨다는 사실을 기억하십시오. 하박국과 같이 당신도 "사망에 이르지 아니할 것"이라는 사실을 반드시 기억하십시오. 하나님은 당신을 영원히 버리지 않으실 것입니다. 그분은 그분의 인격에 따라 행하시며, 그분의 목적을 이루십니다. "우리가 판단을 받는 것은 주께 징계를 받는 것이니 이는 우리로 세상과 함께 죄 정함을 받지 않게 하려 하심이라"(고전 11:32).

나는 실의에 빠져 있는 친구에게 다가가서 그녀를 안고 '하나님은 결코 너를 포기하지 않는다'는 말을 얼마나 하고 싶었는지 모릅니다. 그분이 용서하지 않으시는 것은 그분 자신의 언약에 위배되는 것입니다. 그분은 영원한 사랑으로 우리를 사랑하십니다. 그리고 이스라엘에게처럼 우리를 향한 하나님의 계획은 우리에게 미래와 소망을 주기 위한 행복과 선한 계획입니다.

사랑하는 여러분, 우리는 하나님이 반석이라는 것을 기억해야 합니다! 고통의 폭우가 일고 폭력의 바람이 불어 올 때, 우리는 우리보다 높으신 반석으로 달려가 확신을 가지고 선포할 수 있습니다.

> 가로되 여호와는 나의 반석이시요 나의 요새시요 나를 건지시는 자시요 나의 하나님이시요 나의 피할 바위시요 나의 방패시요 나의 구원의 뿔이시요 나의 높은 망대시요 나의 피난처시요 나의 구원자시라 나를 흉악에서 구원하셨도다(삼하 22:2-3).

> 여호와는 생존하시니 나의 바위를 찬송하며 내 구원의 바위이신 하나님을 높일찌로다 이 하나님이 나를 위

하여 보수하시고 민족들로 내게 복종케 하시며 나를 원수들에게서 나오게 하시며 나를 대적하는 자 위에 나를 드시고 나를 강포한 자에게서 건지시는도다 이러므로 여호와여 내가 열방 중에서 주께 감사하며 주의 이름을 찬양하리이다 여호와께서 그 왕에게 큰 구원을 주시며 기름 부음 받은 자에게 인자를 베푸심이여 영원토록 다윗과 그 후손에게로다 하였더라(삼하 22:47-51).

다윗처럼 "오직 저만 나의 반석이시요 나의 구원이시요 나의 산성이시니 내가 요동치 아니하리로다 나의 구원과 영광이 하나님께 있음이여 내 힘의 반석과 피난처도 하나님께 있도다"(시 62:6-7)라고 고백할 수 있기를 간절히 기도합니다.

삶에 적용하기

고난이 찾아올 때마다 우리는 더 이상 극복할 수 없다고 생각합니다. 그러나 우리는 극복할 수 있습니다. 심지어 '사형선고'에 처해진다고 할지라도 말입니다. 하나님의 자녀여, 기억하십시오. 당신의 아버지는 당신과 언약을 맺으셨습니다. 당신은 그분과 함께 영원히 살게 될 것입니다. 이 땅에서 무슨 일이 일어난다고 하더라도 말입니다.

만약 당신이 고린도전서 10:13의 말씀을 기억한다면, 하나님의 성령님께서는 그것을 사용하셔서 당신에게 어떤 유혹이나 심판이나 고난이나 시험이 찾아온다 할지라도 그것을 극복할 수 있다는 것을 기억하게 하실 것입니다. 그래서 당신은 그분의 피할 길을 구하며 하나님께로 달려가게 될 것입니다.

사람이 감당할 시험 밖에는 너희에게 당한 것이 없나니 오직 하나님은 미쁘사 너희가 감당치 못할 시험 당함을 허락지 아니하시고 시험 당할 즈음에 또한 피할 길을 내사 너희로 능히 감당하게 하시느니라(고전 10:13).

당신의 꿈이 좌절되고 인생에서 실망했을 때

5장

하나님은 그곳에 계십니다
모든 일에는 목적이 있습니다

> 여호와의 말씀에 내 생각은 너희 생각과 다르며 내 길은 너희 길과 달라서 하늘이 땅보다 높음 같이 내 길은 너희 길보다 높으며 내 생각은 너희 생각보다 높으니라
> 이사야 55:8-9

어떻게 하면 스트레스로 가득 찬 삶 속에서 승리하는 믿음을 가질 수 있습니까? 어떻게 하면 주변에서 발생하는 모든 일들을 침착하게 바라볼 수 있습니까?

이것은 안목의 문제입니다.

두 번째 원칙은 우리에게 이러한 안목을 줍니다. 역사는 이스라엘 민족과 예수 그리스도의 교회, 이 두 그룹의

사람을 중심으로 진행됩니다. 하나님은 역사를 주관하십니다. 역사(history)는 그의(his) 이야기(story)입니다. 그리고 하나님은 이스라엘이나 교회를 주축으로 일하십니다.

우리 삶 속에 고난의 날이 찾아올 때 우리는 간구해야 합니다.

"하나님이 나의 삶과 교회, 혹은 이스라엘 백성에게 행하시는 것이 무엇입니까?" 모든 일은 이스라엘과 그분의 교회를 향한 하나님의 목적과 연관이 있을 것입니다.

지난 여름 미국에 수차례의 가뭄이 찾아 왔을 때 아틀란타(Atlanta)를 운전하면서 상점 앞을 지나는데 "비를 위해 기도하십시오"라고 쓰여진 표지를 보았습니다. 저는 누군가가 비가 어디에서 오는지 알고 있다는 사실에 감동을 받았습니다. 그러나 그것에 대해 생각하다가 단지 비를 위해서 기도하는 것 이상으로 나아가야 할 필요가 있음을 느끼고, 하나님께 왜 비를 거두셨는지 물어 보았습니다.

우리의 죄 때문입니까? 하나님께서는 하나님의 교회인

미국에게 말씀을 하시려는 것일까요? 우리를 회개케 하기 위함입니까? "너희 마음으로 우리에게 이른 비와 늦은 비를 때를 따라 주시며 우리를 위하여 추수 기한을 정하시는 우리 하나님 여호와를 경외하자"는 것을 기억하게 하기 위함입니까?(렘 5:24)

기근과 가뭄과 전염병과 경제적인 재난을 포함한 모든 역사는 하나님께서 이스라엘과 교회에게 원하시는 바에 집중되어 있습니다. 우리는 종종 하나님께서 백성들을 불러내기 위해 세상의 나라들을 통해 움직이신다는 사실을 잊을 때가 많습니다.

그분은 백성들의 무릎을 꿇게 하기 위해서 온갖 종류의 수단을 사용하십니다. 그래서 당신의 백성들로 하여금 하나님이 주님이시며, 그분께 경배하고 복종해야 한다는 사실을 알게 하십니다. 그분이 사용하는 것이 무엇이든지 간에, 만약 그것이 그분의 아들을 향한 믿음으로 죽음에서 생명으로 나아가게 만드는 것이라면, 고통의 가치가 있습니다. "네가 하나님의 인자하심이 너를 인도하여 회개케 하심을 알지 못하여 그의 인자하심과 용납하심과 길이 참으심의 풍성함을 멸시하느뇨"(롬 2:4).

만일 당신이 역사를 주관하시는 하나님께서 이스라엘과 교회, 즉 이미 하나님의 음성을 들은 사람이나 아직 믿지 않은 사람들에게 자신의 목적에 따라서 행하신다는 것을 안다면, 현재의 사건을 보는 관점이 바뀔 수 있습니다.

우리는 하박국에서 이 진리를 볼 수 있습니다. 모든 민족은 하나님에 의해 세워졌으며, 세상의 권세 잡은 자들은 단순히 징계의 막대기로 사용되기 위하여 그 자리에 있는 것입니다. "주께서 심판하기 위하여 그를 두셨나이다 반석이시여 주께서 경계하기 위하여 그를 세우셨나이다"(합 1:12).

바벨론이 세상의 권세를 지니기 전에 하나님은 이스라엘에게 말씀하셨습니다. "네가 네 하나님 여호와의 말씀을 삼가 듣고… 네 하나님 여호와께서 너를 세계 모든 민족 위에 뛰어나게 하실 것이라"(신 28:1).

하나님께서는 모세를 통하여 그들의 모든 적들을 일으

켜서 그들 앞에서 패하게 하실 것이라는 약속과 함께 그들에게 주실 축복에 대해 말씀하셨습니다!

그러나 축복의 약속과 더불어서 불순종에 대한 단호한 저주가 있었습니다. "네가 만일 네 하나님 여호와의 말씀을 순종하지 아니하여 내가 오늘날 네게 명하는 그 모든 명령과 규례를 지켜 행하지 아니하면 이 모든 저주가 네게 임하고 네게 미칠 것이니"(신 28:15).

신명기 28장에서 그 저주를 볼 수 있습니다.

> 곧 여호와께서 원방에서, 땅끝에서 한 민족을 독수리의 날음 같이 너를 치러 오게 하시리니 이는 네가 그 언어를 알지 못하는 민족이요 그 용모가 흉악한 민족이라 노인을 돌아보지 아니하며 유치를 긍휼히 여기지 아니하며 네 육축의 새끼와 네 토지의 소산을 먹어서 필경은 너를 멸망시키며 또 곡식이나 포도주나 기름이나 소의 새끼나 양의 새끼를 너를 위하여 남기지 아니하고 필경은 너를 멸절시키리라(신 28:49-51).

하나님께서는 이스라엘 백성들에게 그들의 대적이 그들의 자녀들을 먹기 위해서 이스라엘로 들어가 그들을 포위하게 될 것이라고 말씀하셨습니다(신 28:53-57).

두렵지 않습니까? 그렇지만 이 모든 것은 그들이 순종하지 않았기 때문에 일어난 일입니다. 하박국은 이 모든 고난들을 어떻게 다루었습니까? 그는 하나님께서 이스라엘을 심판하시리라는 것을 알았습니다. 그러나 그는 믿음으로 그 고난을 극복할 수 있었습니다.

사랑하는 여러분, 당신도 이렇게 할 수 있습니다. 세상에서 이루어지고 있는 일들로 인해 좌절하고 압도당하기보다 주님께 나아가 하나님의 영원한 안목을 가질 수 있게 해 달라고 간구하십시오. 하박국과 같이 하나님의 말씀에 주의를 기울이고, 그분이 당신에게 말씀하게 하십시오(합 2:1). 현재의 경험으로 살아가기보다는 하나님의 말씀을 따라 살아가십시오.

하나님의 안목은 넓습니다

사악한 자들은 번성하고 의인은 그렇지 않는 것 같아 고민해 본 적이 있습니까?

심지어 믿음으로 하나님은 영원한 창조주이시고 거룩한 분이시며 반석이라고 확신했던 하박국조차 여전히 고민했습니다. 하나님께서 어떻게 바벨론과 같은 사악한 자들을 언약의 민족을 심판하는 도구로 사용하실 수 있습니까? 이것은 당황스런 일이며 어려운 일입니다. 하나님은 정말 바벨론에게 "그물을 떨고는 연하여 늘 열국을 살육" 하도록 허용하신 것입니까?

이 시점에서 하박국은 하나님께 나아가야만 했으며 그분의 응답을 기다려야 했습니다. 당신도 관련이 있지 않습니까? 삶이 정의롭지 못하고 공정하거나 공평해 보이지 않을 때가 있었습니까? 생각해 보십시오. 그리스도인이 되어서 거룩하게 살아가는 것이 정말로 수지가 맞는 일입니까?

당신의 경험은 특별한 것이 아닙니다. 하박국도 그것과 싸우고 있었습니다. 아삽도 마찬가지였습니다. 아삽의 고민이 시편 73편에 기록되어 있습니다.

시편에서 아삽은 악인의 형통함을 보고 오만한 자를 질시하여 실족할 뻔하였다고 말하고 있습니다. 그 악인들은 하나님께서 그들의 행위를 아신다는 사실조차 부인했습니다. 그들은 아삽이 고통당하는 동안 점점 더 융성해 가며 형통했습니다.

아삽은 이 모든 일들을 헤아릴 수 없었습니다. 마침내 그는 하박국이 했던 대로 행했습니다. 그는 하나님의 안목을 구하기 위해 하나님께 나아갔습니다. 그는 홀로 하나님의 성소로 나아가 그분께 말했습니다. 그때 아삽은 하박국처럼 인생에 대한 온전한 안목을 갖게 되었습니다.

그는 악인들의 결국과 그들에 대한 하나님의 심판을 보게 되었습니다. 그때에 이르러서야 그들은 하나님이야말로 모든 것의 전부라는 것을 깨닫게 될 것이었습니다. 아삽은 하나님이 자신의 능력이요, 힘인 것을 알았습니다. 아삽은 다음과 같이 고백했습니다. "하늘에서는 주 외에 누가 내게 있으리요 땅에서는 주 밖에 나의 사모할 자

없나이다 내 육체와 마음은 쇠잔하나 하나님은 내 마음의 반석이시요 영원한 분깃이시라… 하나님께 가까이 함이 내게 복이라"(시 73:25-26, 28).

사랑하는 여러분, 당신이 하나님과 함께하는 시간을 갖게 되기를 원합니다. 그분께 가까이 나아갈 때 당신은 인생에 대한 하나님의 안목을 가질 수 있게 되며, 어떻게 살아가야 하는지를 알게 됩니다. 저는 당신이 이 안목을 갖기 위해서 묵상하는 시간을 갖고, 그 진리가 당신의 뼈 중의 뼈요 살 중의 살이 되기를 기도합니다.

모든 것이 하나님의 계획에 일치합니다

우리가 생각해 보아야 할 세 번째 원리는 다음과 같습니다. 하나님께서 행하시는 일에는 목적이 있다는 것입니다. 우리가 그것을 이해하든 그렇지 않든 간에 하나님께서는 일하십니다. 그리고 하나님께서는 그분이 하시는 일을 알고 계십니다! 그분이 행하시는 일은 항상 각각의 그리스도인과 교회와 이스라엘 민족과 합력하여 선을 이룹니다.

하박국이 하나님께서 왜 도움을 청하는 부르짖음을 듣지 않으시고 사악한 자들을 허용하시는지 물어 봄으로써 하나님에 대한 의문의 짐을 내려놓았을 때, 하나님께서는 하박국에게 일하고 계시다는 것을 확신시켜 주셨습니다. 하박국 1:5을 다시 읽어 보십시오. "너희는 열국을 보고 또 보고 놀라고 또 놀랄지어다 너희 생전에 내가 한 일을 행할 것이라 혹이 너희에게 고할찌라도 너희가 믿지 아니하리라"(합 1:5).

하박국도 그 사실을 확실히 이해하지는 못했습니다. 그리고 실제로 하박국이 그것을 믿기까지는 많은 시간이 걸렸습니다. 그러나 하나님께서는 일하고 계십니다! 하나님은 역사 속에서 하나님의 계획과 목적을 이루고 계십니다.

이사야서에 이것에 대해 묵상하는 데 있어서 힘이 되어 줄 만한 적절한 위로의 말씀이 있습니다. "만군의 여호와께서 맹세하여 가라사대 나의 생각한 것이 반드시 되며 나의 경영한 것이 반드시 이루리라… 만군의 여호와께서 경영하셨은즉 누가 능히 그것을 폐하며 그 손을 펴셨은즉 누가 능히 그것을 돌이키랴"(사 14:24, 27).

오! 사랑하는 여러분, 보셨습니까? 민족의 운명에서 여러분의 인생에 대한 운명에 이르기까지 하나님께서 주관하십니다. 그분은 계획을 갖고 계시며, 그 계획은 당신의 삶을 향한 그분의 목적에 의한 것입니다. 하나님의 목적은 당신이 그분의 아들인 주 예수 그리스도의 형상을 닮는 것입니다. 어떤 것도 이스라엘과 교회와 민족과 당신에 대한 하나님의 계획을 방해할 수 없습니다.

잠시 멈추어서 생각해 보십시오. 하박국처럼 당신도 하나님께서 일하고 계신다는 것을 미처 생각하지 못할 수도 있지만, 하나님은 일하십니다. 그분을 믿으십시오. 그러면 당신은 승리의 믿음을 갖게 될 것입니다.

로마서 8:37-39을 읽고 묵상해 보십시오.

그러나 이 모든 일에 우리를 사랑하시는 이로 말미암아 우리가 넉넉히 이기느니라 내가 확신하노니 사망이나 생명이나 천사들이나 권세자들이나 현재 일이나 장래 일이나 능력이나 높음이나 깊음이나 다른 아무 피조물이라도 우리를 우리 주 그리스도 예수 안에 있는 하나님의 사랑에서 끊을 수 없으리라(롬 8:37-39).

모든 것은 하나님의 인격에 따라 이루어집니다

때때로 우리는 하나님이 사람과 같다고 생각하면서 실족할 때가 있습니다. 우리는 우리가 하나님이라면 어떻게 할 것인가라는 기준으로 그분의 행하시는 일을 평가합니다. 우리는 사람의 생각으로 하나님을 판단합니다.

예를 들어서, 수천 명의 사람이 죽었다는 재난 소식을 들었을 때 우리는 말합니다. "사랑의 하나님이 어떻게 그러실 수 있지?" 우리가 갖고 있는 사랑의 개념으로 하나님이 행하시는 일을 평가합니다.

우리는 우리의 경험의 영역 안에서 모든 것을 평가하려고 합니다. 다른 사람이 어떻게 생각하고 어떻게 반응하고 어떻게 행동하고 어떻게 사랑하느냐에 따라 하나님을 판단합니다. 그래서 만약 우리가 하나님의 말씀을 모르거나, 앞에서 말한 것과 같은 생각을 믿는 것을 버리지 못한다면, 하나님이 사람들과 같은 방식으로 행동하시거나 혹은 그렇게 해야 한다고 생각합니다.

때때로 우리는 하나님의 전적인 속성을 보지 못할 때가 있습니다. 하나님께서 행하시는 것이 항상 우리의 생각과 일치하는 것은 아니라는 것을 잊은 채, 하나님의 생각에서 멀어집니다.

하나님의 방식은 우리의 방식과 다를 뿐 아니라, 하나님의 생각은 우리의 생각과 다르다는 것을 우리는 종종 잊을 때가 있습니다.

> 여호와의 말씀에 내 생각은 너희 생각과 다르며 내 길은 너희 길과 달라서 하늘이 땅보다 높음 같이 내 길은 너희 길보다 높으며 내 생각은 너희 생각보다 높으니라(사 55:8-9).

다시 말해서 그분은 하나님이십니다. 초월하시는 분이십니다. 거룩한 분이십니다. 헤아릴 수 없는 분이십니다. 우리는 유한한 존재이기 때문에 하나님과 하나님의 행하시는 일을 판단하거나 평가할 수 없습니다. 우리의 생각과 지식과 경험과 능력과 짧은 인생에는 한계가 있습니다.

하나님께서는 항상 사람이 아닌 하나님의 속성에 따라 일하신다는 것을 기억하십시오. 그분은 그분 자신과 분리될 수 없을 뿐 아니라, 그분의 인격과 대조적으로 행동하지 않으십니다. "우리는 미쁨이 없을찌라도 주는 일향 미쁘시니 자기를 부인하실 수 없으시리라"(딤후 2:13).

하나님의 소중한 자녀여, 이 은혜의 진리로 인하여 당신은 절대적인 확신을 가지십시오. 모든 것이 당신의 삶과 모순이 된다고 할지라도 하나님에게는 결코 그렇지 않다는 것을 알 수 있습니다. 그분은 변하지 않으시는, 불변하시는 분이십니다.

믿음은 귀를 기울이며 기다리는 것입니다

많은 그리스도인들이 무릎을 꿇고 악한 통치자와 세상에 대항하여 전쟁을 치르고 있지만, 계속해서 악한 자들이 지배하는 것을 볼 뿐입니다. 하나님은 어디에 계십니까? 그분은 왜 자녀들의 기도에 귀를 기울이지 않으십니까?

히틀러와 같은 자들은 역사 속에서 영원히 사라지지 않는다는 말입니까? 그들이 하나님의 택한 자들인 유대인들과 그리스도인들을 근절시키려고 애를 쓰는데도 불구하고 말입니다.

어떻게 의롭고 거룩하신 하나님께서 "악인이 자기보다 의로운 사람을 삼키게"(합 1:13) 할 수 있습니까? 하박국 선지자는 하나님이 남유다를 어떻게 심판하실지 알 수 있었습니다. 그러나 하나님께서 왜 그런 악인들을 통하여 백성들을 "바다의 어족 같게 하시며 주권자 없는 곤충 같게 하시며 그물로 잡으며" 죽게 하시는지 알 수 없었습니다(합 1:14-15). 하나님은 정녕 그들의 사악함을 멈추게 하지 않으실 것입니까?

당신도 이와 같은 것을 느껴 본 적이 있습니까? 만약 사악한 자들의 행위가 그쳐지지 않고 계속 지속되기 때문에 당신의 기도가 소용없다고 느껴 본 적이 있습니까? 포기해 버리셨습니까? 기도를 멈추었습니까? 이 모든 것에서 떠나 잊어버리셨습니까? 당신이 하나님의 뜻을 이해할 수 없다고 느꼈을 때, 혹은 하나님께서 당신의 기도를 듣지 않으신다고 느끼기 때문에 실망하고 있다면, 당신은 하박국을 통하여 교훈을 배워야만 합니다. 그가 행한 것에 관심을 기울이십시오.

> 내가 내 파수하는 곳에 서며 성루에 서리라 그가 내게 무엇이라 말씀하실는지 기다리고 바라보며 나의 질문에 대하여 어떻게 대답하실는지 보리라 그리하였더니(합 2:1).

하박국은 멈추지 않았습니다. 그는 귀를 기울이며 기다렸습니다. 그도 역시 하나님이 신경쓰지 않는다고 생각하며 절망을 하기도 했습니다. 그러나 믿음은 하나님의 시간이 되면 하나님께서 말씀하시리라는 것을 알고 기다리고 귀를 기울이는 것입니다. 하나님의 침묵은 하나님이 당신을 버렸거나 혹은 신경쓰지 않는다는 것을 의미하지 않습니다. 다시 말해서 하나님은 대화를 거부하며 화를 내는 사람과 같지 않다는 것입니다. 하나님이 침묵하실 때, 그것은 하나님이 어떤 이유로 인하여 더 이상 말씀하지 않기로 결정하셨다는 것을 의미합니다. 그러나 침묵의 시간에도 여전히 그분은 그분의 목적을 성취하고 계십니다. 그분은 당신이 이해하든 이해하지 못 하든 여전히 그분의 인격과 주권에 따라 행동하십니다.

기다리는 것은 어렵습니다. 침묵은 더욱 어렵습니다. 사랑하는 여러분, 그러나 만약 당신과 내가 이 사실을 기억한다면 사악한 자들이 번창하는 것처럼 보일지라도 우리는 믿음으로 인내할 수 있습니다. 하나님이 주관하십니다. 그분은 역사를 주관하십니다. 그래서 무슨 일이 일어날지라도 이스라엘과 교회를 위해 선을 이루실 것입니다.

하나님께서 행하시는 일에는 목적이 있습니다. 하나님은 우리에게 말씀하실 때가 되었을 때 말씀하십니다. 우리는 그때까지 하박국처럼 계속해서 믿음으로 기다리며, 하나님께서 우리에게 무엇을 말씀하시는지 바라보아야 합니다.

삶에 적용하기

하나님은 결코 어둠 가운데 있는 당신의 자녀들을 떠나지 않습니다. 하나님께서는 하시려는 일을 그분의 종들과 선지자들에게 먼저 알리고 일하십니다(암 3:7).

이 약속은 당신과 내가 세상이 나아가고 있는 방향을 알 수 있다는 것을 의미합니다. 그리고 우리 주변에서 일어나는 일들로 인해 요동하지 않을 수 있다는 것을 의미합니다.

하나님은 항상 우리에게 '말씀의 안식'을 주셨습니다. 당신은 요한계시록에서 이 사실을 발견하게 될 것입니다. 그 책에는 예언의 말씀을 읽는 자와 듣는 자들과 그 가운데 기록한 것을 지키는 자들에게 복이 있을 것이라고 약속하고 있습니다.

대화할 수 있는 날이 더욱 가까워 올 것입니다.

주변에 있는 사람들이 하나님의 심판을 향해 나아갈 때

6장
하나님은 그곳에 계십니다
용기를 갖고 그분의 말씀을 선포하십시오

하나님 앞과 산 자와 죽은 자를 심판하실 그리스도 예수 앞에서 그의 나타나실 것과 그의 나라를 두고 엄히 명하노니 너는 말씀을 전파하라 때를 얻든지 못 얻든지 항상 힘쓰라 범사에 오래 참음과 가르침으로 경책하며 경계하며 권하라

디모데후서 4:1-2

하박국 선지자는 비록 하나님께 의문을 품었어도 하나님을 떠나지는 않았습니다. 그는 하나님께서 말씀하시는 바를 듣기 위해 기다렸습니다. 그는 하나님의 말씀으로 인해서 실망하지 않았습니다. 그래서 하박국은 놀라운 교훈을 깨달을 수 있었으며 하나님의 명령으로 우리를 위해

이 책을 썼습니다.

만약 하나님께서 당신에게 말씀하시기로 하신 때에, 그분의 음성을 듣기 위해서 하나님 앞에 머무르며 침묵하는 것을 배우게 된다면, 당신의 삶에도 변화가 일어날 것입니다! 우리가 하나님과 함께하는 시간을 떼어 놓고 있지 않기 때문에 많은 문제들이 우리를 압도하고 있습니다. 하나님과 만나는 시간을 따로 떼어 놓지 않은 사람이 잘 사는 것을 저는 보지 못했습니다.

얼마나 많은 유혹의 목소리들이 우리의 관심을 끌고 있습니까? 수많은 철학과 이념들이 우리의 교육 제도와 책들을 통해서 쏟아지고 있습니다. 라디오와 텔레비전에서는 밤낮으로 수많은 가정을 향해 계속해서 떠들어댑니다. 인터넷은 우리로 하여금 어두운 밤 늦도록 세상의 지혜로 가득한 사람과 오랫동안 이야기를 나눌 수 있게 합니다.

만약 우리가 이 모든 것을 끄지 않고 그분께로 나아가지 않는다면, 하나님의 세미한 음성을 어떻게 들을 수 있겠습니까? "또 지진 후에 불이 있으니 불 가운데도 여호와께서 계시지 아니하더니 불 후에 세미한 소리가 있는지라"(왕상 19:12).

하나님께서는 사람을 차별하지 않습니다. "하나님은 사람의 외모를 취하지 아니하시고"(행 10:34). 만약 우리가 하나님께로 나아가 하나님의 말씀을 듣기 위해서 기다린다면, 하나님께서는 하박국을 만나 주신 것처럼 우리도 만나 주실 것입니다. "너는 여호와를 바랄지어다 강하고 담대하며 여호와를 바랄찌어다"(시 27:14).

하박국 선지자는 분명히 하나님께서 자신의 물음에 응답하시기 전까지 오랫동안 기다려야 했습니다. 하나님께서 말씀하시는 것에 귀를 기울여 봅시다.

> 여호와께서 내게 대답하여 가라사대 너는 이 묵시를 기록하여 판에 명백히 새기되 달려가면서도 읽을 수 있게 하라 이 묵시는 정한 때가 있나니 그 종말이 속히 이르겠고 결코 거짓되지 아니하리라 비록 더딜지라도 기

다리라 지체되지 않고 정녕 응하리라(합 2:2-3).

하박국서는 서판에 쓰여진 묵시의 기록으로 다른 사람들도 그것을 읽을 수 있었습니다. 신학자들은 아마도 거대한 점토 위에 새겨졌을 것이라고 생각하고 있는데, 성전이나 시장 혹은 성의 광장과 같은 공공 장소에 전시되어 많은 사람들에게 읽혀졌을 것입니다. 이런 경우 그것을 읽은 사람들에게는 책임이 부여됩니다. 그들은 달려가 그것을 선포해야 했습니다. 당신과 나도 그것을 읽었습니다!

하나님께서는 하박국에게 앞으로 일어날 일들을 보여주셨습니다. 그 묵시의 때가 아직 이르지는 않았습니다. 그러나 하나님께서는 하박국에게 비록 아직은 때를 기다려야 하지만, 지체되지 않으리라는 것을 확신시켜 주셨습니다. 그때가 반드시 올 것입니다. 하나님의 때에 묵시 속에서 본 사건들이 일어날 것입니다. 하나님께서 말씀하신 것은 무엇이든지 간에 반드시 이루어질 것입니다. 좋든 싫든, 원하든 그렇지 않든지 간에, 하나님은 확실한 분이시기 때문에 그렇습니다. 그 일이 일어나기까지는 아마 오랜 시간이 필요할지도 모릅니다. 수 세기가 될지, 일만 년 혹은 이만 년이 될지도 모릅니다. 그러나 만약 하나님께서 무슨 일이 일어날 것이라고 말씀하셨다면, 그 일은 반드시 일어날 것입니다. 왜냐하면 그분은 "나의 경영한 것이 반드시 이루리라"고 말씀하셨기 때문입니다(사 14:24). 아마 당신은 내가 왜 이것을 이토록 강조하는지 궁금할 것입니다. 이제 설명하겠습니다.

하나님은 우리에게 그분의 말씀을 통해서 아직 일어나지 않은 일들에 대한 희미한 빛을 주신 것과 마찬가지로, 하박국에게도 어렴풋이 미래를 알게 하셨습니다. 성경은 예수 그리스도가 이 땅에 오셔서 '기다리는 자들에게는 두 번째 나타나시리라'는 것을 반복해서 분명하게 언급하고 있습니다(히 9:28). 그리고 예수님께서는 이 땅에 두 번째로 오실 때에 불의한 자들을 처리하실 것입니다.

하나님께서 사도 바울을 통해 하시는 말씀에 귀를 기울이십시오.

너희로 환난 받게 하는 자들에게는 환난으로 갚으시고 환난 받는 너희에게는 우리와 함께 안식으로 갚으시는 것이 하나님의 공의시니 주 예수께서 저의 능력의 천사들과 함께 하늘로부터 불꽃 중에 나타나실 때에 하나님을 모르는 자들과 우리 주 예수의 복음을 복종치 않는 자들에게 형벌을 주시리니(살후 1:6-8).

좋은 소식을 전하는 것은 항상 즐거운 일입니다. 어떤 사람은 심지어 다른 사람에 대한 나쁜 소식들을 전하면서도 즐거워합니다. 그러나 하나님의 심판에 대한 소식을 말하면서 즐거워하는 사람은 많지 않습니다. 특히 그것이 다른 사람에게뿐만 아니라 우리 민족에게 이루어질 것이라면 말입니다. 왜 그렇습니까? 나쁜 소식을 좋아하는 사람은 없기 때문입니다. 사실 사람들은 나쁜 소식을 들었을 때, 종종 그 소식과 소식을 전한 사람을 의심합니다.

사람들이 그 메시지에 어떻게 반응하든지 간에 당신과 나는 하박국과 같이 그것을 선포해야 하며, 그분이 오실 것과 사악한 자들을 심판하실 것이라는 사실을 늘 인식하면서 살아야 합니다. 우리는 하나님의 말씀을 읽고, 알게 된 것에 대하여 책임을 져야 합니다. 우리는 말씀을 선포하기 위해 달려나갈 책임이 있습니다. 우리는 하박국서에서 배운 것을 선포하고 설명해야만 합니다.

사악한 자들이 번성하고 정의가 땅에 떨어지는 동안 세상의 정복자들이 파괴와 폭력을 일삼는 것을 하나님께서 허용하시는 것처럼 보일지라도, 우리는 예정된 날이 다가올 것이라는 사실을 전해야만 합니다. 우리는 사람들에게 불의를 돌이키지 않는다면, 전능하신 하나님의 맹렬한 분노를 맛보게 될 것이라는 것을 분명히 전달해야 합니다.

진리를 선포하십시오

하나님의 말씀을 듣는 것에는 책임이 따릅니다.

당신은 인정하고 싶지 않을지 모르겠지만 그것은 사실입니다. 이것은 당신이 하나님의 말씀을 믿든지 아니든지, 그분의 말씀을 좋아하든지 아니든지 관계없습니다. 하나님께서 말씀하신 것이므로 당신과 나는 책임을 져야만 합니다. 하박국처럼 당신과 나에게도 해당됩니다.

이것을 생각해 보십시오. 당신이 하나님 앞에 섰을 때, 나의 친구여, 당신은 피 묻은 손을 보일 것입니까?

바울은 에베소 장로들에게 "모든 사람의 피에 대하여 내가 깨끗하니 이는 내가 꺼리지 않고 하나님의 뜻을 다 너희에게 전하였음이라"(행 20:26-27)고 말했습니다. 여기서 그가 의미하는 바는 무엇입니까?

바울은 에스겔 3장과 33장에 기록된 내용을 재차 언급했습니다. 우리가 이미 얘기했던 것처럼 예루살렘은 B.C. 586년에 멸망하기 전에 세 차례 침략을 당했습니다. 에스겔이 예루살렘이 두 번째로 침략당했을 때 바벨론에 잡혀갔다는 것을 기억할 것입니다. 그의 예언은 포로기에 쓰여졌습니다.

다음에 나오는 에스겔서의 본문은 사람들이 듣고 싶어 하든 그렇지 않든 간에, 하나님 말씀을 알고 선포하는 것에 대한 중요성을 이해하는 데 도움이 될 것입니다.

> 인자야 내가 너를 이스라엘 족속의 파숫군으로 세웠으니 너는 내 입의 말을 듣고 나를 대신하여 그들을 깨우치라 가령 내가 악인에게 말하기를 너는 꼭 죽으리라 할 때에 네가 깨우치지 아니하거나 말로 악인에게 일러서 그 악한 길을 떠나 생명을 구원케 하지 아니하면 그 악인은 그 죄악 중에서 죽으려니와 내가 그 피 값을 네 손에서 찾을 것이고 네가 악인을 깨우치되 그가 그 악한 마음과 악한 행위에서 돌이키지 아니하면 그는 그 죄악 중에서 죽으려니와 너는 네 생명을 보존하리라 또 의인이 그 의에서 돌이켜 악을 행할 때에는 이미 행한 그 의는 기억할바 아니라 내가 그 앞에 거치는 것을 두면 그가 죽을찌니 이는 네가 그를 깨우치지 않음이라 그가 그 죄 중에서 죽으려니와 그 피 값은 내가 네 손에서 찾으리라(겔 3:17-20).

이것을 선포하십시오. 당신의 손에서 그들의 피값을 찾지 않도록 선포합시오.

사랑의 대결

"당신의 얘기를 들으니 화가 나는군요. 당신도 그것을 알아야 해요."

이 말은 선포자들에게 용기가 되는 말입니다! 그러나 이 여성의 사연을 들었을 때 저의 감정은 다소 누그러졌습니다.

그녀는 저의 도덕적 태도에 동의하지 않았습니다.

그녀는 결혼을 했을지라도 파트너만 괜찮다면 혼외 정사도 괜찮은 것이라고 믿었습니다! 그녀의 말에 따르면 배우자가 아닌 다른 사람과 성 관계를 맺기 원한다면, 쌍방이 만족하는 한 이에 대립되는 하나님의 말씀은 없다는 것이었습니다. 그녀는 내가 간음과 간통의 진정한 의미를 이해하지 못하고 있다고 말했습니다.

그 외에도 그녀는 하나님과 상관없는 종교를 갖는 것에

대한 나의 충고를 받아들이지 않았습니다. 거듭남에 대한 대화는 그녀에게 혐오감을 줄 뿐이었습니다.

    대화는 오랫동안 지속되었습니다. 비록 그녀가 강력계 형사처럼 다가왔다 할지라도 나는 흥미로웠습니다. 하나님은 일대일의 만남을 통해서 잃어버린 양을 찾으셨습니다. 삯꾼은 훔치고 죽이고 파괴하기 위해 다가서지만, 목자는 "양아, 양아, 여기로 오렴"이라고 말하고 싶어 한다는 것을 알았습니다.

    하나님의 사랑이 마음속에서부터 솟아올랐습니다. 그리고 그녀와 죄에 대한 관계를 이해했습니다. 나 역시 그녀가 처한 위치에 있어 본 적이 있었습니다. 그러나 조용하게 기도하고 경청하며 기다렸습니다.

    그리고 곧 성령의 때를 느꼈습니다. 그녀에게 몸을 숙이고 나지막이 말했습니다. "당신은 나를 꺾으려고 하고 있군요. 이해합니다. 당신에게 솔직히 말하겠습니다. 친구여, 당신의 아버지와 나의 아버지는 다르군요. 당신은 어둠 가운데 있어요. 속고 있는 것입니다. 당신은 종교를 가졌지만 교제는 없어요. 당신의 아버지는 사단입니다. 당신은 지옥에 가게 될 것입니다."

나는 준비하고 있었기에, 하나님께서 내게 주신 의무를 회피할 수 없었습니다.

다음날 5시간 동안이나 그녀와 대화를 나누었습니다. 우리는 아침 7시까지 이야기를 나누었습니다. 이 여성은 마지막 말로 나에게 일격을 가했습니다. 그러나 그녀 역시 생각에 빠졌습니다. 우리의 구원자이신 하나님께서 그녀의 마음속에 무엇인가를 주셨습니다.

그녀가 계속해서 도덕성과 말씀에 대한 그녀의 생각을 주장했을 때, 나는 말씀 한 구절을 제시하며 큰 소리로 각각 읽어 보자고 제의했습니다. 나는 하나님의 말씀에 담겨져 있는 메시지를 선포했습니다. 그것뿐이었습니다. 그녀가 주장하고자 할 때마다 이렇게 말했습니다. "하나님이 무엇이라고 말씀하시나요? 읽어 봅시다. 나와 논쟁하려고 하지 마세요. 하나님께서 그것을 쓰셨습니다." 그러면서 계속해서 마음속으로 그녀의 눈을 뜨게 해 주셔서 그녀의 영혼이 어둠에서 빛으로 나올 수 있도록 해 달라고 하나님께 요청하며 간절히 기도했습니다.

마지막으로 내가 말했습니다. "무릎을 꿇고 당신이 읽은 것에 대해 생각하는 것을 하나님께 말씀드려 보는 것이 어떨까요? 그분과 논쟁하세요." 우리는 무릎을 꿇었습니다. 그녀는 죄를 토하며 흐느끼기 시작했습니다. 그녀는 갑자기 나를 보고 말했습니다. "제가 음탕했어요. 지독하게 음탕했다는 것을 느낍니다. 경멸스러워요."

나는 눈물을 지으며 대답했습니다. "당신은 그랬어요. 참으로 문란했습니다. 그리고 당신의 행위는 정말로 경멸스럽습니다. 하나님께 말씀하세요."

이제, 그녀가 혐오했던 일이 그녀에게 일어났습니다. 그녀는 거듭났습니다. 은혜롭고 아름답게 거듭났습니다. 깊은 수렁에서, 더러운 구덩이에서 구원을 받았습니다. 하나님께서 이제 막 새로운 피조물로 만드신 것에 대한 경외감 속에서, 하나님의 하나님 되심을 지켜보며 앉아 있을 때, 계속해서 나의 마음속에서는 스티브 그린(Steve

Green)의 노래가 들리는 것 같았습니다. "하나님의 영광을 보았네. 나의 주 그리스도와 함께 살며 동행하네." 정말 그랬습니다.

사랑하는 여러분, 이 여성이 내게 했던 말 때문에 이 모든 이야기를 당신에게 한 것입니다. "저는 제 수준에 잘 맞춰 줄 수 있는 지혜로운 사람과 이야기를 나누고 싶어요. 쓰레기들을 골라 줄 수 있는 사람 말입니다. 당신이 나에게서 물러서지 않고 이해하고, 혐오스러워도 도망치지 않고 사랑으로 말해 주었던 것처럼, 그렇게 저를 다룰 수 있는 사람 말입니다."

몇 년 전에 친구인 엘리자베스 맥도널드(Elizabeth McDonald)를 보면서 나는 사랑으로 진리를 말하는 방법과 하나님의 심판이 임박한 사람들을 애정을 갖고 대하는 방법을 배우게 되었습니다. 그때 배웠던 것은 이사야와 예레미야, 에스겔과 그리고 다른 선지자들의 삶을 통해서 더욱 확고해졌습니다. 하나님의 대언자로 봉사했던 하나님의 참된 선지자들은 하나님의 메시지에 가감하지 않았습니다. 그들은 자신의 말을 듣는 자들의 반응에 따라 당황하지 않았습니다. 그들은 하나님의 정의의 심판에 대해 경고하지만, 그것을 사랑과 눈물로 행했습니다.

많은 사람들이 "선지자들은 직선적이며 사납지. 그것이 그들의 성향이야."라는 잘못된 가르침을 믿고 있다는 이야기를 들었을 때 무척 안타까웠습니다. 신자의 개별적인 성향은 그리스도에 의해 통제되어야 합니다. 우리의 은사나 요청이 어떠하든지 간에 우리는 그분의 거룩하심과 의로우심과 심판과 더불어, 그분의 사랑과 은혜와 자비를 드러내야 하며, 그분의 성령으로 채워져야 합니다.

삶에 적용하기

우리 모두에게는 우리의 믿음을 다른 사람들과 나누어야 할 책임이 있습니다. 왜냐하면 성경은 "그런즉 저희가 믿지 아니하는 이를 어찌 부르리요 듣지도 못한 이를 어찌 믿으리요 전파하는 자가 없이 어찌 들으리요"(롬 10:14)라고 말하기 때문입니다. 특히 고통스러운 일들이 생기는 환경 속에서 주변에 있는 사람들에게 소망을 줄 수 있는 하늘의 기회가 주어집니다. 교제할 수 있는 방법 중의 하나는 누군가에게 이 책을 주고 나서 그와 함께 이것에 대해 이야기를 나누는 것입니다.

사랑하는 여러분, 나는 당신이 잃어버린 자들을 계속해서 사랑하기를 간구합니다. 그들이 당신처럼 '거룩'하지 않다는 이유로 인해 문을 닫아 버리지 마십시오. 무엇보다 그들에게는 우리의 아버지와 같은 아버지가 없기 때문입니다. 당신의 아버지께서 하신 것처럼 그들에게 다가

가서 사랑으로 당신이 가진 것을 소개하십시오. 예수님께서 세리와 죄인들과 함께하셨다는 것을 기억하십시오. 그들은 의사가 필요한 사람들입니다.

이제 밖으로 나가 복음을 전하십시오. 당신은 암을 치유하는 능력보다 더 위대한 것을 갖고 있습니다. 당신은 죽음의 해독제를 갖고 있습니다.

하나님께서 당신을 대신하여 일하시지 않는
것처럼 여겨질 때

7장
하나님은 그곳에 계십니다
믿음으로 살아갈 수 있습니다

오직 나의 의인은 믿음으로 말미암아 살리라 또한 뒤로 물러가
면 내 마음이 저를 기뻐하지 아니하리라 하셨느니라
히브리서 10:38

우리는 인스턴트 세상에서 사는 것에 너무 길들여져 있어서 무엇인가를 기다리는 것에 어려움을 느낍니다.

세계에 큰 사건이 발생했을 때 손가락을 한 번만 움직여 채널을 돌리거나, 마우스를 한 번만 클릭하기만 하면, 그 상황에 대한 소식을 접할 수 있습니다.

우리의 식욕을 만족시켜 줄 만한 것을 원한다면, 패스트푸드점이나 상점의 냉동 식품들을 통해 얻을 수 있습니

다. 게다가 신속하게 가열하거나 요리할 수 있는 전자렌지가 있습니다. 아니면 단지 물만 넣고 흔들거나 저어 먹을 수 있는 것도 있습니다.

무엇인가를 사고 싶은데 현금이 없다면 신용카드로 살 수 있고 때로는 몇 개월 후에 갚아도 됩니다. 이 밖에도 우리는 원하는 것을 쉽게 얻을 수 있습니다.

사회 역시 육체를 순식간에 만족시켜 줄 만한 것들을 다양하게 제공하고 있기 때문에 스스로 이런 것을 거부하는 것은 잔인한 일처럼 보입니다. 우리는 이 이상 음란하기 어려운 사회에서 도덕과 상관없이 살아갑니다. 사람을 기쁘게 하는 것들만이 지속되고 있고 면전에 계신 하나님을 두려워함이 없습니다.

인간이 세상의 중심에 있습니다. 쾌락을 위한 것만이 존재할 뿐입니다. 무엇인가 원하는 것이 생기면 그것을 찾습니다. 혼자의 힘으로 그것을 얻으려고 합니다. 혼자서 그 일을 할 것이고 자아는 만족할 것입니다.

선지자 하박국은 전능하신 주님 앞에서 구하는 것보다

더 좋은 것을 알았습니다. 그는 그의 마음에 있는 의문들을 내어놓은 후에 아주 지혜롭게 행했습니다. 바로 자기의 파수하는 곳과 성루에 서서 하나님이 자기의 질문에 어떻게 대답하시는지를 보기 위해서 기다렸습니다(합 2:1).

침묵 속에서 기대감을 갖고 기다릴 때 하나님께서 말씀하셨습니다.

> 여호와께서 내게 대답하여 가라사대 너는 이 묵시를 기록하여 판에 명백히 새기되 달려 가면서도 읽을 수 있게 하라 이 묵시는 정한 때가 있나니 그 종말이 속히 이르겠고 결코 거짓되지 아니하리라 비록 더딜찌라도 기다리라 지체되지 않고 정녕 응하리라 보라 그의 마음은 교만하며 그의 속에서 정직하지 못하니라 그러나 의인은 그 믿음으로 말미암아 살리라(합 2:2-4).

하나님께서는 하박국에게 생명의 열쇠를 주셨습니다.

그 열쇠는 하나님의 말씀에 대한 것으로서, 곧 의인은 믿음으로 말미암아 살리라는 것입니다.

이제 제가 왜 하박국 2:4의 말씀이 모든 성경의 핵심이 된다고 믿고 있는지 알려 주고 싶습니다. 믿음으로 함께 찾아봅시다.

믿음에서 하나님의 말씀은 어떤 의미를 갖습니까? 믿음이란 하나님의 말씀 속에서 하나님을 받아들이는 것입니다. 이것이 곧 하나님을 믿는 것입니다. 그분이 말씀하실 때 그것을 이해하든지 이해하지 못하든지 간에, 우리가 어떻게 느끼든지 상관없이, 우리가 환경을 어떻게 해석하든지 간에, 다른 사람이 우리에게 무슨 말을 하든지 간에, 하나님이 말씀하신 모든 것을 믿는 것입니다.

하나님은 신실하십니다. 그분은 거짓말하지 않습니다. 그분은 거짓말을 할 수 없으십니다. 그렇기 때문에 그분이 하신 모든 말씀은 진리입니다. 만약 누군가가 하나님께서 말씀하신 것에 대하여 반박을 한다면, 그가 틀린 것입니다. 하나님의 말씀은 진리입니다. 그러므로 믿음에 대한 핵심은 순수한 하나님의 말씀인 성경입니다.

성경이 믿음에 대해 언급할 때 그것은 지적인 동의 이상을 의미합니다. '믿음'(faith)에 대한 헬라어의 영어 음역은 '피스티스'(pistis)인데 이것은 '확고한 신념, 들은 것에 기초를 둔 확신'을 의미합니다. '믿다'(believe)라는 단어는 '피스테우'(pisteuo)인데 이것은 '확신하는, 신뢰하는'이라는 의미입니다. 그래서 성경적인 믿음은 단순히 신임하는 것이 아니라 하나님이 말씀하신 모든 것을 전적으로 의지하는 것입니다.

당신이 하나님의 말씀을 연구할 때 당신은 기본적으로 진실한 믿음이나 신앙과 관련된 세 가지의 요인을 보게 될 것입니다. 첫 번째는 하나님이 나타내신 것을 완전하게 인정하는 확고한 믿음이며, 두 번째는 하나님이 나타내신 것에 대한 복종이며, 세 번째는 하나님이 나타내신 것에 대한 개인적 순종으로 귀결되는 행위입니다.

히브리서 기자는 믿음을 다음과 같이 규정합니다. "믿음은 바라는 것들의 실상이요 보지 못하는 것들의 증거니"(히 11:1). 히브리서는 성령의 영감 아래 인간의 모든 생명과 미래의 중심에 대해 "믿음이 없이는 기쁘시게 못하나니 하나님께 나아가는 자는 반드시 그가 계신 것과 또한 그가 자기를 찾는 자들에게 상 주시는 이심을 믿어야 할지니라"(히 11:6)는 중요한 진리에 대한 통찰력을 줍니다.

그래서 믿음으로 살려고 한다면 반드시 하나님이 말씀하신 것을 믿고 복종하며 그대로 살아야 합니다. 그렇지 않으면 하나님을 기쁘시게 할 수 없습니다.

믿음의 양식

이제 믿음이 어디에서 오는 것인지 알아봅시다. 로마서 10:17은 말합니다. "믿음은 들음에서 나며 들음은 그리스도의 말씀으로 말미암았느니라"(롬 10:17).

믿음은 듣는 것에 기초를 둔 확고한 신앙입니다. 그래서 로마서 10:17에 따르면, 믿음은 하나님의 말씀을 들음에서 생기는 것입니다.

성경은 인간을 위한 하나님의 말씀입니다. 성경은 모세 시대부터 성령의 감동으로 쓰여진 것으로, 하나님의 숨결을 느낄 수 있을 뿐 아니라 하나님이 담겨져 있습니다. 성경은 모세오경에서부터 시작하여 되어진 일과 있는 일, 그리고 아직 이루어지지 않은 일에 대하여 쓴 사도 요한의 요한계시록으로 필사가 마쳐집니다.

예수님이 인자로서 이 땅에 오셨을 때 그분은 성경에 위배되지 않으셨을 뿐만 아니라 세밀한 것까지 모두 이루셨습니다. 어떤 현대 학자들은 성경을 예수님이 실제로 존재하는 분임을 설명하기 위해 사람에 의해 기록된 단순한 이야기로 간주해 왔습니다.

성경은 하나님의 말씀입니다. 하나님께서 모세를 통해서 행하신 일을 이해할 수 있습니까?

> 너를 낮추시며 너로 주리게 하시며 또 너도 알지 못하며 네 열조도 알지 못하던 만나를 네게 먹이신 것은 사람이 떡으로만 사는 것이 아니요 여호와의 입에서 나

오는 모든 말씀으로 사는 줄을 너로 알게하려 하심이니
라(신 8:3).

하박국 2:4에 포함되어 있는 신명기 8:3의 내용을 신중하게 검토해 보십시오. 사람이 믿음으로 산다면 하나님의 입에서 나오는 말씀을 믿고 그대로 살아야 한다는 것은 분명합니다.

나의 친구여, 그 누구의 입에서도 하나님의 말씀에 오류가 있다고 말하지 못하게 하십시오. 하나님의 주권과 전지전능하심을 믿지 않겠습니까? 하나님과 함께하시는 분이시며 "진리"이신 하나님의 아들을 믿지 않겠습니까? 혹은 이러한 하나님의 아들에 대한 증거와 이상을 가진 사람들에 의해 가르침을 받은 그 사람들을 믿지 않겠습니까?

오늘날 많은 사람들이 실패하는 이유는 그들 스스로가 하나님의 말씀을 지속적으로 매일매일 읽는 훈련을 하지 않고, 그것을 삶 속에 적용하지 않기 때문이라고 생각합니다.

사랑하는 하나님의 자녀여, 만약 당신이 믿음대로 살고자 한다면 당신은 반드시 하나님의 말씀을 먹어야만 합니다.

의롭게 살아가기

하박국 2:4을 이해하는 것은 실제로 삶과 죽음의 문제를 이해하는 것입니다. 다시 말해서 영생과 영원한 멸망에 대한 이야기입니다.

하박국 2:4은 로마서 1:17; 갈라디아서 3:11; 히브리서 10:38 등 신약성경에 3번이나 인용되고 있습니다. 이것은 우리가 가질 수 있는 의로움은 하나도 없다는 것을 이해하는 데서 연유합니다. 의로운 삶은 하나님이 옳다고 말씀하시는 것을 따라 살아가는 것입니다.

하박국 2:4은 신약성경의 저자들에 의해 두 가지의 목적으로 사용되고 있습니다. 첫째는 구원이 행위가 아닌 믿음으로 말미암는다는 것을 나타내기 위해서 로마서 1:17과 갈라디아서 3:11에서 사용되었습니다. 둘째는 죄의 권세에서 구원받은 신자들이 모든 영역에서 하나님을 믿고 순종하며 믿음으로 살아가는 일상에 대한 관계를 설명하는 것으로 히브리서 10:38에서 사용되었습니다.

믿음으로 살아가는 것에 대한 두 번째 관점은 로마서 1:17에서도 볼 수 있습니다. "복음에는 하나님의 의가 나타나서 믿음으로 믿음에 이르게 하나니 기록된바 오직 의인은 믿음으로 말미암아 살리라 함과 같으니라"(롬 1:17). 영원한 형벌에 이를 엄청난 죄를 지었어도 죄로부터의 구원은 항상 믿음으로써만 얻을 수 있습니다.

갈라디아서 3:11도 똑같은 것을 말합니다. "아무나 율법으로 말미암아 의롭게 되지 못할 것이 분명하니 이는 의인은 믿음으로 말미암아 살리라 하였음이니라"(갈 3:11). 율법은 단지 죄를 드러낼 뿐입니다. 율법으로는 결코 우리를 의롭게 할 수 없습니다!

의는 하나님으로부터 오는 것입니다. 절대로 육체나 혹은 우리 스스로가 의로워지려는 노력으로 이룰 수 없습니다. "우리를 구원하시되 우리의 행한바 의로운 행위로 말미암지 아니하고 오직 그의 긍휼하심을 좇아 중생의 씻음과 성령의 새롭게 하심으로 하셨나니"(딛 3:5).

사랑하는 그리스도인이여, 이것을 생각해 보십시오. 하나님을 영접하도록 만드는 것은 무엇입니까? 무엇을 근거로 하나님을 영접할 수 있습니까?

당신이 믿음으로 살아갈 때, 의인은 믿음으로 말미암아 살기 때문에, 당신은 의로운 삶을 살 수 있습니다.

앞에서 본 것처럼 사도 바울은 로마에 있는 성도들에게 보내는 편지에서 하박국 2:4을 인용했습니다. 하나님은 신앙심은 깊지만 방황하는 수도사 마틴 루터(Martin Luther)에게 구원에 대한 이 말씀을 사용하게 하셨습니다. 로마서 1:17에 대한 그의 깨달음은 군중들로 하여금 행위로 구원을 받는다고 하는 끔직한 종교적 속박에서 벗어나, 하나님과의 관계 속에서 믿음으로 구원받는다는 은총의 자유로 나아가게 했습니다.

수도사인 마틴 루터는 빌라도의 계단(Pilate's Staircase)을 무릎으로 올라가는 모든 사람들에게 약속된 교황의 관대함을 자신도 얻기를 고대했습니다. 그는 그 계단이 예루살렘에서 로마에 이르게 하는 기적의 계단이라고 들었습니다.

루터는 각 계단에 입을 맞추면서 자신에게 고통을 주는 육체의 죄에 대해 하나님의 자비와 용서를 구했습니다. 그가 계단에서 이런 신비로운 행위를 한참 동안 하고 있었는데, 갑자기 마음 깊은 곳에서 "의인은 믿음으로 말미암아 살리라"는 우레와 같은 목소리가 들리는 듯했습니다. 이 말씀이 끊임없이 강하게 울려퍼질 때 루터는 놀라면서 자기 몸으로 기어오르던 계단에서 벌떡 일어났습니다.

진리가 그를 자유케 했습니다! 루터는 다음과 같이 기록하고 있습니다.

> 비록 내가 거룩하고 흠 없는 수도사라고 할지라도 나의 양심은 근심과 분노로 가득 차 있습니다. 나는 '하나님의 의'에 대한 말씀을 더 이상

받아들일 수가 없었습니다. 죄인들을 처벌하시는 거룩하고 공의로우신 하나님을 사랑하는 것은 힘든 일이었습니다. 나는 그분을 향한 숨겨진 분노로 가득 차 있었습니다. 그분을 증오했습니다. 왜냐하면 율법과 고난의 삶에 대한 두려움에 만족하지 못했기 때문입니다. 그분은 계속해서 복음으로 고문하셨습니다. 그러나 죄인의 칭의는 믿음으로 말미암아 우리 주님의 한없는 자비로부터 나온다는 것을 알았을 때, 나는 새로운 사람으로 다시 태어났다는 것을 느꼈습니다. 나는 즉시 하나님의 낙원으로 들어갔습니다. 그 이후로부터 다른 시각으로 성도들과 거룩한 성경을 보게 되었습니다. 나는 그 시간 이후로 이전에 그토록 혐오했던 '하나님의 의'라는 말씀에 소중한 가치를 두고 사랑하게 되었습니다.

하나님의 의에 대해 어떻게 생각하십니까? 이것이 불

가능한 목표나 결코 도달할 수 없는 것처럼 여겨지십니까? 여러분의 힘으로 거룩해지는 것은 불가능하기에 두려워하고 있습니까? 당신은 주 예수 그리스도를 믿기만 하면 의롭게 될 수 있는 이 '의'에 대해서 정확하게 이해하고 있습니까?

의는 당신이 죄 사함을 받았기 때문에 하나님 앞에 의롭게 설 수 있다는 것을 의미합니다! 그리스도가 십자가에 매달렸을 때, 그것은 당신의 죄를 위한 것이었습니다. "하나님이 죄를 알지도 못하신 자로 우리를 대신하여 죄를 삼으신 것은 우리로 하여금 저의 안에서 하나님의 의가 되게 하려 하심이니라"(고후 5:21).

믿는 순간, 그리스도의 대속을 믿는 순간, 당신은 의인으로 공포되었습니다. 당신은 하나님 우편에 서 있습니다. 상상해 보십시오! 마틴 루터와 다른 참된 하나님의 자녀들과 마찬가지로 새로운 삶을 시작하십시오. 오직 믿음으로 사십시오!

믿는 즉시 시작됩니다! 당신은 믿음으로 불구덩이 속의

영원한 죽음에서 구원받았습니다. 일단 이 새로운 탄생이 이루어지게 되면 당신은 믿음으로 살아가게 됩니다.

믿음으로 살아가는 의인의 두 번째 모습은 하박국 2:4과 히브리서 10:38에서 강조되고 있습니다. 하박국과 히브리서의 저자는 서로 다른 시대에 살았습니다. 그러나 서로 다른 시대에도 불구하고 각각의 시대를 살아가는 공통된 오직 한 가지의 방식이 있었는데, 바로 믿음으로 사는 것이었습니다. 종교 제도나 철학, 이론이나 사상 등 다른 방식 아래서도 살아갈 수 있다고 생각하는 것은 교만입니다. "보라 그의 마음은 교만하며 그의 속에서 정직하지 못하니라 그러나 의인은 믿음으로 말미암아 살리라" (합 2:4).

어떤 시험이 오든, 어떤 환경이든지 간에 당신과 나는 타협하지 말고 하나님의 입에서 나오는 말씀으로 살아가야 합니다. 우리에게는 다른 어떤 방법도 없기 때문에 하나님의 말씀을 신뢰하고 순종해야 합니다.

교만을 내려놓으십시오

당신은 당신의 기대와는 다른 그분의 응답 때문에 실망하거나 슬픔에 잠겨 본 적이 있습니까? 당연히 그렇게 되리라고 생각했던 일들이 예상했던 대로 해결되지 않았습니까?

많은 그리스도인들이 믿음으로 모든 것이 우리 것이라고 믿고 긍정적으로 고백하는 것만이 우리의 유일한 할 일이며, 그러면 얻게 될 것이라고 말하고 있습니다. 그리고 만약 우리가 고백한 것들이 이루어지지 않는다면, 그것은 우리의 믿음이 부족하거나 누군가가 부정적인 고백으로 하나님의 일을 방해했기 때문이라고 말합니다.

그러나 이러한 주장이 성경에 근거를 둔 것이라고 생각하지 않습니다. 그것은 하나님의 말씀에 대한 모든 교훈과 일치하지 않습니다.

하박국은 매 순간마다 긍정적인 고백을 할 수도 있었습니다. 그러나 그의 환경은 변하지 않았습니다. 그는 믿음으로 하나님을 찬양할 수 있었고, 사단의 세력을 향해 승리를 선포할 수 있었으며, 바벨론의 남유다 침공을 막는 기도를 할 수 있었습니다. 그러나 그가 그렇게 했을지라도 앞으로 일어날 일들은 바뀌지 않았을 것입니다. 오늘날 일부 그리스도인들은 하박국이 실패했다고 말하곤 합니다. 그들은 하박국의 믿음이 더 좋았더라면, 올바른 약속을 간구했더라면, 올바른 기도를 했더라면, 정당한 것을 말했더라면 상황은 달라졌을 것이라고 말하곤 합니다.

그러나 하나님은 조종당하지 않으실 것입니다. 그분은 우리 혹은 인생에 대한 우리의 의견에 따르지 않으십니다. 우리는 믿음으로 무릎 꿇고 하나님을 경배해야 하며 하나님의 주권을 알아야 합니다. "오직 여호와는 그 성전에 계시니 온 천하는 그 앞에서 잠잠할찌니라"(합 2:20).

아버지가 대동맥류(aortic aneurysm)로 수술받기 위해 병원에 입원하셨을 때, 나는 아버지에 대한 말씀을 받기 위해서 하나님께 간절히 간구했습니다. 하나님께서 시편 20편을 주셨다고 느꼈습니다. 그리고 그 말씀으로 인해 나는 68세 된 아버지가 돌아가시지 않을 것이라고 확신했습니다. 그러나 그 후 12일에 걸친 5번의 대수술을 마친 후 한 달이 지나고 나서 아버지는 돌아가셨습니다.

나는 그때 아버지 곁에 없었습니다. 아버지를 중환자실에 모시고 어머니만 아버지 곁에 계시게 하고 아버지의 회복을 확신하며 채터누가(Chattanooga)에 있는 가족에게로 돌아갔습니다.

분명히 아버지에 대한 하나님의 말씀을 받았다고 느꼈습니다. 그러나 틀렸습니다. 아버지는 돌아가셨습니다. 나의 믿음이 잘못되었단 말입니까? 하나님이 실수하신 것입니까? 무엇이 잘못되었단 말입니까?

아무것도 잘못된 것은 없습니다. 단지 내가 하나님을 오해하고 있었을 뿐입니다.

당신의 삶에서 일어나지 말아야 하는 어떤 일이 일어났다고 느끼십니까? 아니면 하나님이 허락하지 않으신 일이 일어났다고 생각하십니까? 하나님께서 응답하지 않으시는 부르짖음이나 간구가 있습니까? 당신은 하박국을 통해서 빛 가운데 거하는 것을 배웠음에도, 아직도 고난이나 절망의 틈새에 끼어 있습니까?

이사야 40:27을 큰 소리로 읽고 이스라엘과 야곱의 자리에 당신의 이름을 넣어 보십시오. 그리고 나서 계속해서 큰 소리로 이사야 40:28-31을 읽으면서 하나님의 응답에 귀를 기울이십시오.

> 야곱아 네가 어찌하여 말하며 이스라엘아 네가 어찌하여 이르기를 내 사정은 여호와께 숨겨졌으며 원통한 것은 내 하나님에게서 수리하심을 받지 못한다 하느냐 (사 40:27).

> 너는 알지 못하였느냐 듣지 못하였느냐 영원하신 하나님 여호와, 땅 끝까지 창조하신 자는 피곤치 아니하시며 곤비치 아니하시며 명철이 한이 없으시며 피곤한 자에게는 능력을 주시며 무능한 자에게는 힘을 더하시나니 소년이라도 피곤하며 곤비하며 장정이라도 넘어지며 자빠지되 오직 여호와를 앙망하는 자는 새 힘을

얻으리니 독수리의 날개치며 올라감 같을 것이요 달음
박질하여도 곤비치 아니하겠고 걸어가도 피곤치 아니
하리로다(사 40:28-31).

믿음은 하나님이 다스리신다는 것을 인정하는 것입니다. 믿음은 하나님의 선하시고 기뻐하시는 뜻을 따라 하나님의 시간에 하나님의 방식대로 행하는 것입니다.

"그 마음에 의로움이 없는 교만한 자"와 "믿음으로 살아가는 자" 사이에는 큰 차이가 있습니다. 믿음은 하나님의 말씀에서 하나님을 영접하고, 기다리며 신뢰합니다. 교만한 자는 자신의 욕망과 자신의 의지에 따라 행동합니다. 교만은 자신이 원할 때 원하는 것을 자신이 원하는 방식대로 행하는 것입니다!

나의 친구여, 당신은 어떻게 살아가고 있습니까? 믿음으로 살아가고 있습니까? 아니면 교만으로 살아가고 있습니까?

"의인은 그 믿음으로 말미암아 살리라"(합 2:4).

인생을 이해할 수 없을 때 어떻게 하겠습니까? 자신이 어리석다고 여겨져 마음의 문에 의심이 쌓일 때 어떻게 하겠습니까? 하나님을 믿는 것이 어리석은 일인 것처럼 느껴질 때 어떻게 하겠습니까? 대다수의 사람들이 이성적이라고 생각하는 대안을 당신 앞에 제시했을 때 어떻게 하겠습니까?

사람들이 제시한 이성적인 대안을 따르겠습니까? 아니면 하나님이 무엇이라고 말씀하시는지 기다리며 기도로 하나님께 간구하겠습니까? 그분이 응답하실 때 믿음으로 하나님의 말씀을 의지하겠습니까?

상황은 점점 더 어려워지고 더 이상 참을 수 없을 정도로 환경이 변해갈 때 어떻게 감정을 조절하겠습니까? 당신의 구원자가 되시는 하나님을 여전히 기뻐하시겠습니까? 믿음의 시련 속에서 육체의 힘을 의지하며 이전으로 되돌아가겠습니까? 아니면 하나님께 나아가 그분의 능력을 의지하겠습니까? 장님이 장님을 인도하는 것과 같은 이성적 논리의 암흑 속에서 실족하겠습니까? 아니면 하나님으로 하여금 당신을 도와 어려움을 극복할 수 있도록 하겠습니까?

예레미야 17:5-8에 귀를 기울여 보십시오.

> 나 여호와가 이같이 말하노라 무릇 사람을 믿으며 혈육으로 그 권력을 삼고 마음이 여호와에게서 떠난 그 사람은 저주를 받을 것이라 그는 사막의 떨기나무 같아서 좋은 일의 오는 것을 보지 못하고 광야 간조한 곳, 건건한 땅, 사람이 거하지 않는 땅에 거하리라 그러나 무릇 여호와를 의지하며 여호와를 의뢰하는 그 사람은 복을 받을 것이라 그는 물가에 심기운 나무가 그 뿌리를 강변에 뻗치고 더위가 올찌라도 두려워 아니하며 그 잎이 청청하며 가무는 해에도 걱정이 없고 결실이 그치지 아니함 같으리라(렘 17:5-8).

모든 고난은 하나님을 믿는지 아닌지를 알기 위한 시험이며, 그분의 충만하심을 발견하여 하나님의 팔과 그분의 약속으로 인도하기 위한 시련입니다. 이것이 바로 하박국서에서 말하고 있는 것입니다.

하박국서를 통해 우리는 고통 가운데 하나님이 어디에 계신지에 대한 의문을 갖게 하는 난관을 보게 됩니다. 그때 우리는 모든 것을 다스리시는 그분이 여전히 그곳에 계시다는 사실을 깨닫고 그 기쁨을 증거해야 합니다.

하박국과 같이 우리는 우리의 자존심을 내려놓고 믿음으로 사는 삶을 택해야 합니다.

삶에 적용하기

어떻게 살아가고 계십니까? 여러 가지 조치를 취하고 궁리를 짜면서 전심을 다해서 문제를 스스로 해결해 보려고 노력하고 있습니까? 정말로 스스로 그것을 해낼 수 있다고 생각하십니까? 오, 사랑하는 여러분, 그럴 수 없습니다. 하나님의 허용하심이 없다면 우리는 숨조차 쉴 수 없습니다.

노력하는 일을 멈추고 그분이 하나님이시라는 것을 기억하십시오. 그분의 은총은 충만하며 그분의 능력은 약할 때 온전함을 주신다는 지식 안에서 안식하십시오.

벽에 기대고 앉아 숨을 깊이 들이쉬고 말해 보십시오. "하나님, 당신을 기뻐하는 일 외에는 아무것도 할 것이 없습니다. 그리고 믿음이 없이는 당신을 기쁘시게 할 수 없다는 것을 압니다. 아버지 앞에 나아가는 사람들은 당신이 하나님이시라는 것을 반드시 믿어야만 합니다. 주님이 없이는 아무것도 할 수 없습니다. 그리고 주님과 함께라면 능치 못할 일이 없습니다. 주님께서 주신 믿음입니다. 믿음으로 목표를 추구하며 천국문에서 '잘했구나'라는 하나님의 칭찬을 듣고 싶습니다."

세상의 불의에 대해 분노할 때, 기억하십시오

8장
하나님은 그곳에 계십니다
사악한 자들에게 화 있을진저

> 그날에 눈이 높은 자가 낮아지며 교만한 자가 굴복되고 여호와께서 홀로 높임을 받으시리라
> 이사야 2:11

어떤 잔인함도, 어떤 범죄도, 어떤 불의도 하나님의 눈을 피할 수는 없습니다. 고통스러운 순간마다 하나님께서는 그곳에 계십니다. 그리고 비록 하나님께서 악한 사람과 불경건한 나라를 통하여 하나님의 변함없으신 목적을 이루려 하시거나 혹은 당신의 백성들을 심판하실지라도 그들은 자신들의 행위에 대하여 책임을 져야 할 것입니다.

악한 자들은 심판을 받을 것입니다. 그것은 하박국서

에 확실하게 언급되어 있습니다. "보라 내가 사납고 성급한 백성 곧 땅의 넓은 곳으로 다니며 자기의 소유 아닌 거할 곳들을 점령하는 갈대아 사람을 일으켰나니… 그들은 그 힘으로 자기 신을 삼는 자라 이에 바람 같이 급히 몰아 지나치게 행하여 득죄하리라"(합 1:6, 11).

이는 하박국이 기록하고 다른 사람들이 선포했던 묵시 가운데 하나였습니다. 하나님께서는 그물에 제사하며 물고기를 잡듯이 집어삼키는 악인들을 정당하게 벌하실 것입니다(합 1:13-17). 하나님께서 기름 부음 받은 자들을 구원하시기 위하여 오실 때 심판은 이루어질 것입니다.

우리는 하박국 3장에서 이것을 볼 수 있습니다. 그러나 잠시 바벨론을 향한 조롱의 시를 볼 필요가 있습니다. 그 시는 교만한 바벨론과 같이 행하는 자들을 위한 노래입니다.

조롱하는 노래는 각각 3개의 절로 된 5행 시입니다. 이런 종류의 시를 '마샬'(masal)이라고 부르는데 이는 평행법을 사용한 히브리 시입니다. 조롱하는 시에서 우리는 하나님 편에서 종종 무시되고 있는 하나님의 심판과 정의에 대한 중요한 통찰력을 얻게 될 것입니다.

하나님께서는 하박국 선지자에게 삶과 죽음의 길과 인간의 선택에 따른 결과를 보여 주셨습니다. 자만하는 자들에게는 진노와 죽음이 있습니다. 우리는 이 진노를 통하여 많은 것을 배울 수 있습니다. 하박국이 말한 악인들의 운명을 살펴봄으로써 여러분은 하나님께서 고통의 순간에 어디에 계셨는지를 이해하게 될 것입니다. 그리고 하나님께서 당신의 고통과 멀리 떨어져 있지 않다는 사실을 알게 될 것입니다. 당신과 관계된 모든 것이 하나님의 일입니다. 하나님께서는 단지 "아가야, 잘 자라나렴. 모든 일이 잘 되길 바란다."라는 말씀만 하시는 냉담한 창조주가 아닙니다. 그분은 당신의 창조주일 뿐만 아니라 당신의 구원자이십니다.

고통의 순간에 하나님께서 어디에 계신지 궁금해질 때마다 다음을 기억하십시오.

1. 하나님께서 주관하십니다. 그분은 모든 것을 통치

하십니다. 그분은 역사와 민족뿐 아니라 당신도 책임지십니다.

2. 모든 역사는 이스라엘과 교회 이 두 그룹에 집중됩니다. 당신이 그리스도 안에 거한다면 당신은 예수 그리스도의 몸 된 교회의 생명을 가진 한 지체입니다.

3. 우리가 알든지 모르든지 간에 하나님께서 행하시는 일에는 목적이 있고 당신은 그것에 대한 하나님의 약속을 갖고 있습니다. 좋지 않은 일이 생기더라도 그분은 하나님이시기 때문에 모든 것이 합력하여 선을 이룰 것입니다.

4. 당신의 시간은 하나님의 손에 있습니다. 그분은 시간표를 갖고 계십니다. 그러므로 인내를 갖고 기다리십시오.

5. 두려움과 의심은 믿음으로 극복됩니다. 그리고 하나님의 약속은 하나님 자신처럼 확실한 것이기 때문에 우리는 믿음으로 기뻐할 수 있습니다.

그렇다면 진노는 어디에 적합합니까? 그것은 '하나님

께서 행하시는 일에는 목적이 있습니다. 그분은 자신의 인격에 따라 행동하십니다'라는 세 번째 원리에 비추어 볼 수 있습니다.

비록 하박국은 하나님께서 왜 바벨론을 하나님의 백성 이스라엘을 심판하는 도구로 사용하셨는지 이해할 수 없었지만, 하나님께서는 이 모든 일에 목적을 갖고 계셨습니다. 그분은 심판을 위해 바벨론을 사용하실 것입니다. 그러나 정의로우신 하나님께서는 바벨론 또한 심판하실 것입니다.

여러분이 비록 고통의 한복판에 있을 때 하나님께서 왜 개입하지 않으시는지 이해할 수 없을지라도, 하나님께서는 목적을 갖고 계신다는 사실을 신뢰해야만 합니다. 그리고 악인은 반드시 심판받게 될 것입니다. 고통스러운 일은 반드시 일어날 것입니다. 그렇지만 악을 행한 자들에게는 진노가 임할 것입니다.

이런 재난들을 보게 될 때 기억하십시오. 이스라엘 백성이 바벨론에게 판단을 받는다고 할지라도 바벨론 역시 그와 같이 판단하시는 이에게 속해 있습니다. 하나님은 불변하십니다. 그분은 결코 변하지 않으십니다. 그분은 의인을 축복하시고 죄인을 심판하십니다.

탐욕스러운 자들에게 화 있을진저

탐욕은 미묘한 문제입니다. 이것은 더 많은 물건과 더 많은 권력과 더 많은 어떤 것을 갖고 싶어 하는 안목의 정욕에서 시작됩니다. 자신의 욕망을 만족시키기 위해서 다른 사람으로부터 무엇인가를 빼앗게 됩니다. 하나님은 사람 안에 있는 이런 욕망에 대해, 사악한 자들을 향하여 첫 번째 진노를 선포하셨습니다.

> 그 무리가 다 속담으로 그를 평론하며 조롱하는 시로 그를 풍자하지 않겠느냐 곧 이르기를 화 있을찐저 자기 소유 아닌 것을 모으는 자여 언제까지 이르겠느냐 볼모 잡은 것으로 무겁게 짐진 자여 너를 물 자들이 홀연히 일어나지 않겠느냐 너를 괴롭게 할 자들이 깨지 않겠느

냐 네가 그들에게 노략을 당하지 않겠느냐 네가 여러 나라를 노략하였으므로 그 모든 민족의 남은 자가 너를 노략하리니 이는 네가 사람의 피를 흘렸음이요 또 땅에, 성읍에, 그 안의 모든 거민에게 강포를 행하였음이니라 하리라(합 2:6-8).

"탐욕"(covetousness – KJV)은 히브리어 '탐심'(greed)이 번역된 것입니다. 실제로 탐심과 탐욕은 하나이며 같습니다. 탐욕은 십계명에서도 명백하게 금지되어 있습니다. "네 이웃의 집을 탐내지 말찌니라 네 이웃의 아내나 그의 남종이나 그의 여종이나 그의 소나 그의 나귀나 무릇 네 이웃의 소유를 탐내지 말찌니라"(출 20:17).

바벨론은 다른 나라가 가진 것에 욕심을 냈고 그 욕심대로 행했습니다. 그리고 그들은 자신들이 정복한 땅에서 잔인하게 약탈해 갔습니다. 그들은 자신들이 노동하여 수확하지 않은 것들을 취했습니다. 자기들의 쾌락과 유익을 위해 다른 남자의 아내와 자녀를 빼앗았습니다. 그들은 소중한 기억들이 담겨져 있는 친족의 보물들을 가로챘습니다. 그리고 고향과 숲과 소유물들을 황폐하게 만들었고 무엇보다 생명을 황폐케 했습니다. 그들은 탐욕으로 인해 피의 흔적을 남겼습니다. 그들은 전적으로 쾌락, 행복, 안락, 편리 등의 자아의 욕구에 정복당했습니다. 그들은 자신들이 소유하고 있는 것으로 만족하지 못했습니다. 충분하지 않았던 것입니다.

바벨론이 자신들의 소유가 아닌 것들을 취했을 때 그들은 채무자가 되었습니다. 그들에게 약탈당한 사람은 채권자가 되었습니다. 바벨론은 약탈한 사람들에게 빚을 지게 된 것입니다. 그 빚은 치러졌습니다. 왜냐하면 하나님은 정의의 심판관이시기 때문입니다.

당신은 바벨론에 비교해서는 빚을 적게 지고 있다고 생각할지 모르겠습니다. 그러나 친구여, 당신에게 묻겠습니다. 당신은 돈과 세상의 소유물들을 축적하는 것에 대해 어떠한 관점을 갖고 계십니까? 이것에 대해 진지하게 생각해 본 적이 있습니까? 우리는 다른 사람들을 희생시켜서라도 부를 추구하는 사람들에게 임한 재앙을 보았으므로 부와 재물에 대한 하나님의 뜻을 신중하게 생각해야만 합니다.

부자가 되고 물질을 소유하는 것이 죄입니까? 하나님의 말씀을 통해 함께 알아봅시다.

디모데전서 6장을 보십시오.

> 우리가 세상에 아무 것도 가지고 온 것이 없으매 또한 아무 것도 가지고 가지 못하리니 우리가 먹을 것과 입을 것이 있은즉 족한 줄로 알 것이니라 부하려 하는 자들은 시험과 올무와 여러가지 어리석고 해로운 정욕에 떨어지나니 곧 사람으로 침륜과 멸망에 빠지게 하는 것이라 돈을 사랑함이 일만 악의 뿌리가 되나니 이것을 사모하는 자들이 미혹을 받아 믿음에서 떠나 많은 근심으로써 자기를 찔렀도다 오직 너 하나님의 사람아 이것들을 피하고 의와 경건과 믿음과 사랑과 인내와 온유를 좇으며 믿음의 선한 싸움을 싸우라 영생을 취하라 이를

위하여 네가 부르심을 입었고 많은 증인 앞에서 선한 증거를 증거하였도다… 네가 이 세대에 부한 자들을 명하여 마음을 높이지 말고 정함이 없는 재물에 소망을 두지 말고 오직 우리에게 모든 것을 후히 주사 누리게 하시는 하나님께 두며 선한 일을 행하고 선한 사업에 부하고 나눠주기를 좋아하며 동정하는 자가 되게 하라 이것이 장래에 자기를 위하여 좋은 터를 쌓아 참된 생명을 취하는 것이니라(딤전 6:7-12, 17-19).

바울은 디모데에게 "이런 것을 멀리하라"고 말하면서 돈에 대한 사랑을 언급했습니다. 우리는 우리의 주제인 탐심에 초점을 맞춰 봅시다.

당신은 탐심이 우상의 일종이라고 생각해 본 적이 있습니까?

다음은 하나님께서 신약성경에서 탐심이라고 부르신 것들입니다. 귀를 기울여 보십시오.

그러므로 땅에 있는 지체를 죽이라 곧 음란과 부정과 사욕과 악한 정욕과 탐심이니 탐심은 우상 숭배니라 이것들을 인하여 하나님의 진노가 임하느니라 너희도 전에 그 가운데 살 때에는 그 가운데서 행하였으나(골 3:5-7).

흥미롭지 않습니까? 우리는 우상숭배에 대해서 생각할 때 흔히 사람들이 손으로 만든 형상에 경배하는 것을 생각합니다. 혹은 나무나 돌이나 주물(呪物)의 일종들을 생각합니다. 그러나 탐심은 무엇입니까? 탐심이 하나님의 말씀에 언급되지 않았더라면 누가 그것을 우상이라고 생각하겠습니까? 하나님께 드려야 하는 충성과 헌신과 시간과 에너지를 빼앗아 가는 것이 우상이라는 것을 깨닫지 못했더라면 아마 그렇지 못했을 것입니다.

다른 사람의 이득을 취하는 자는 화 있을진저
당신은 은퇴 직전에, 수년 동안 일해 온 회사에서 갑자기 해고당했습니까? 그들이 재정적인 부담을 줄이기 위해서 당신의 퇴직금을 착복했습니까?

당신의 집이 털렸습니까? 잃어버린 것이 있습니까? 사기를 당했습니까? 그 사람들에게 화있을진저, 왜냐하면 그들은 바벨론이 남유다에게 행한 것처럼 그렇게 했기 때문입니다.

누군가가 당신이 좋아하는 사람들로부터 멀어지도록 당신에게 거짓말을 했습니까?

누군가가 당신보다 낫다는 것을 보이기 위해 당신을 짓누릅니까?

당신은 이런 일들을 행한 자들이 졸지도 않으시고 주무시지도 않으시며 하늘 높은 보좌에서 사람들의 모든 사건들을 바라보고 계시는 거룩한 하나님의 경고를 피할 수 있다고 생각하십니까?

두 번째 화는 다른 값을 치르고 자기들의 안전을 구한 사람들에 대한 것입니다.

> 재앙을 피하기 위하여 높은데 깃들이려 하며 자기 집을 위하여 불의의 이를 취하는 자에게 화 있을찐저 네가 여러 민족을 멸한 것이 네 집에 욕을 부르며 너로 네 영혼에게 죄를 범하게 하는 것이 되었도다 담에서 돌이 부르짖고 집에서 들보가 응답하리라(합 2:9-11).

바벨론은 다른 사람들을 파괴하여 자기들의 왕국을 강하게 함으로써 다른 나라들의 침략에 대해 안전을 꾀할 수 있을 것이라고 생각했습니다. 그들은 '왕들을 폐하시고 왕들을 세우시는' 하나님을 잊었습니다(단 2:21).

이 두 번째 경고는 자기의 행복과 이익과 안전을 위하여 다른 사람을 밟고 올라서는 기고만장에 대한 심판입니다.

주 예수 그리스도 안에 살고 있는 우리와 얼마나 대조적인 실례들입니까? 그리스도의 마음은 교만이나 기고만장과는 반대입니다. 그리스도의 마음은 이기심을 버립니다. 그리고 우리 자신보다 다른 사람을 더 중요시합니다. 주인의 자리에 서기보다는 종의 자리에 섭니다. 그리고 다른 사람을 위하여 기꺼이 자신의 생명을 내어놓습니다.

하나님께서는 다른 사람을 희생해서라도 스스로를 높이는 사람들에게 진노를 내리시는 한편 그렇지 않은 사람들에게는 축복하시겠다고 약속하셨습니다. 이것과 관련된 말씀인 빌립보서 2:3-11을 읽어 보십시오. 기도하는 마음으로 읽으십시오. 만약 당신이 깨끗해질 필요가 있다고 생각한다면, 하나님의 말씀을 보여 달라고 간구하십시오.

> 아무 일에든지 다툼이나 허영으로 하지 말고 오직 겸손한 마음으로 각각 자기보다 남을 낫게 여기고 각각 자기 일을 돌아볼 뿐더러 또한 각각 다른 사람들의 일을 돌아보아 나의 기쁨을 충만케 하라 너희 안에 이 마음을 품으라 곧 그리스도 예수의 마음이니 그는 근본 하나님의 본체시나 하나님과 동등됨을 취할 것으로 여기지 아니하시고 오히려 자기를 비어 종의 형체를 가져 사람들과 같이 되었고 사람의 모양으로 나타나셨으매 자기를 낮추시고 죽기까지 복종하셨으니 곧 십자가에

죽으심이라 이러므로 하나님이 그를 지극히 높여 모든 이름 위에 뛰어난 이름을 주사 하늘에 있는 자들과 땅에 있는 자들과 땅 아래 있는 자들로 모든 무릎을 예수의 이름에 꿇게 하시고 모든 입으로 예수 그리스도를 주라 시인하여 하나님 아버지께 영광을 돌리게 하셨느니라(빌 2:3-11).

당신의 마음가짐이나 다른 사람들과의 관계에 있어서 예수님보다 바벨론과 비슷한 어떤 성향이 있습니까? 주님으로 하여금 당신의 마음을 살피도록 하십시오. 그분은 사랑으로 행하실 것입니다. 그분은 오직 깨끗한 성전을 원하십니다.

우리는 두 번째 화에 대하여 결론을 내렸기 때문에 다음 사항을 기억해야만 합니다. 탐욕으로 인해 사악하게 얻은 것과 남을 희생시켜서 얻은 것으로 자기의 집을 지을 때, 사람들은 외칠 것입니다. "당신의 하나님은 어디에 있습니까?" 그들의 물음에 바로 그 집의 돌들이 외칠 것이며 서까래가 대답할 것입니다. 하박국 2:11은 우리에게 말합니다. 악한 방법으로 얻은 것은 악인들에 대해 증거하게 될 것입니다. 빛 가운데 드러나지 않는 것은 아무것도 없습니다.

폭력을 행하는 자에게 화 있을진저

이 세 번째 화가 다른 두 가지에 이어서 나온다는 것에 귀를 기울여 주목하십시오. "피로 읍을 건설하며 불의로 성을 건축하는 자에게 화 있을찐저 민족들이 불 탈 것으로 수고하는 것과 열국이 헛된 일로 곤비하게 되는 것이 만군의 여호와께로서 말미암음이 아니냐"(합 2:12-13).

이것을 오늘날 어떻게 적용하겠습니까?

저녁에 2시간 이상 텔레비전을 시청한 사람이라면 폭력이나 살인 장면 하나쯤은 거의가 목격하게 될 것입니다. 사춘기 이전의 아이들이 접한 폭력과 범죄와 관련된 통계는 지속적으로 해가 다르게 증가하고 있다고 경고해 왔습니다. 우리 자녀들이 상당히 이른 나이에 폭력과 죄악에 무감각해진다는 것이 얼마나 놀라운 일입니까? 그렇다면 텔레비전을 끄고 장난감 상자가 있는 곳으로 가거나 비디오 게임을 하기 위해 간다고 해서 폭력에 대한 노출이 끝납니까? 슬프게도 그렇지 않습니다.

폭력과 신성모독과 부도덕이 삶에 어떤 영향을 끼치는지에 대하여 당신의 양심이 마비되면, 당신은 그런 것들을 수용할 수 있게 됩니다. 눈과 귀로 받아들인 것은 생각과 마음에서 자라나게 됩니다. 여기서 다시 그 마음의 생각이 그 사람됨도 좌우한다는 것을 알게 됩니다(잠 23:7).

우리가 토론했던 주제에 대해 밝히고 있는 마태복음 15:18-19을 살펴보십시오. 왜 십대들의 부도덕과 임신과 낙태가 만연하고 있습니까? 왜 십대들에게 팔리고 있는 콘돔의 수요가 줄어들지 않습니까? 그것은 도덕이 땅에 떨어진 사회에서 살고 있기 때문입니다. 사람과 사람의 쾌락은 하나님을 그의 정의로운 장소에서 옮겨왔습니다. 우리는 우리의 욕망의 제단 위에서 하나님의 절대성을 없애 버렸고 순수함을 버렸습니다.

한 해에만 수만 명이 낙태되는 이 땅은 피로 가득 차 있습니다. 그것은 하나님께서 어머니의 모태에 조성하시기 위해 선택하신 생명을 파괴하는 폭력이지 않습니까? 하나님께서 주신 호흡으로 말미암아 생명이 부여된 것이 아닙니까?(시 139:13-16)

하나님은 어디에 계십니까? 하나님께서는 왜 이런 범죄를 허용하십니까? 미국에서는 법적인 보호 제도가 편향되어서, 살인과 폭력에 정당하게 저항하는 사람들을 체포해서 감옥에 집어넣고, 살인범들과 강간범들은 오히려 긴장을 푼 채 또다른 살인과 강간을 행하는 현상을 보여 줍니다. 이러한 현상을 어찌 정상이라고 말할 수 있겠습니까? 왜 사악한 자들이 자신의 행복을 추구하기 위해서라는 흔적을 남긴 채 방종하듯 살인을 일삼음에도 불구하고 그들이 승리한 것처럼 보입니까?

하박국 선지자 역시 하나님께 똑같은 질문을 합니다.

여호와여 내가 부르짖어도 주께서 듣지 아니하시니

어느 때까지리이까 내가 강포를 인하여 외쳐도 주께서 구원치 아니하시나이다 어찌하여 나로 간악을 보게 하시며 패역을 목도하게 하시나이까 대저 겁탈과 강포가 내 앞에 있고 변론과 분쟁이 일어났나이다 이러므로 율법이 해이하고 공의가 아주 시행되지 못하오니 이는 악인이 의인을 에워쌌으므로 공의가 굽게 행함이니이다 (합 1:2-4).

그때 묵시가 임했고 하박국 선지자는 이해하게 되었습니다.

그리고 언젠가는 모든 사람들이 이해하게 될 것입니다. 왜냐하면 세상은 물이 바다를 덮음과 같이 하나님의 영광을 아는 지식으로 가득 찰 것이기 때문입니다. 하나님은 어떤 일이 있을지 아셨습니다.

사람과 국가는 폭력과 살인을 통해서 자기들의 영역을 만들어 갑니다. 그러나 정해진 날이 다가올 것입니다. 하나님께서는 그들이 불탈 것으로 인해 수고한다고 말씀하셨습니다(합 2:13).

그들이 얻었던 것은 언젠가는 사라질 것입니다. 하나님은 심판의 때에 그것을 삼켜 버리실 것입니다. "주의 날이 도적 같이 오리니 그 날에는 하늘이 큰 소리로 떠나가고 체질이 뜨거운 불에 풀어지고 땅과 그 중에 있는 모든 일이 드러나리로다"(벧후 3:10).

그리고 세상은 사라지고 그리스도를 알지 못하는 자들은 그들이 왕이였든 평범한 사람이었든지 간에 죽지도 않고 영원히 꺼지지도 않는 불구덩이에 던져지게 될 것입니다. 거기서 그들은 영원히 거하게 될 것입니다(마 25:41; 막 9:48; 계 20:11-15).

마지막으로 한 가지 더 생각해 보아야 할 것이 있습니다. 폭력과 살인이 항상 탐심의 산물은 아니라는 것입니다. 그것은 종종 분노에서 온다는 사실을 알아야 합니다.

분노는 결코 우리를 다스릴 수 없습니다. 하나님께서는 다른 사람들이 행한 불의와 잔학함에 분노한다고 하실지라도 "분을 내어도 죄를 짓지 말며 해가 지도록 분을 품지 말고 마귀로 틈을 타지 못하게 하라"(엡 4:26-27)고 말씀하셨습니다. 만약 분을 품은 채로 있어 믿음 안에서 하나님의 뜻대로 행하지 않는다면, 분노는 당신과 다른 사람들을 파괴시킬 것입니다. 앞에서 언급했듯이 분노는 폭력과 살인을 낳습니다. 예수님은 우리에게 "형제에게 노하는 자마다 심판을 받게 되고"(마 5:22)라고 말씀하셨습니다.

속에서 치밀어 오르는 분노는 마음속에서 살인을 행하는 것과 같습니다.

오, 사랑하는 여러분, 다른 사람이 당신에게 악을 행하거나 불의를 행할 수 있습니다. 당신의 분노는 의로운 분노입니다. 그러나 당신의 영혼이 올바르고 또 당신이 믿음으로 사는 자라면 그를 용서해야 합니다. 분노를 하나님께 맡기십시오. 그리고 하나님이 당신으로 하여금 예수님을 본받게 하기 위하여 모든 것을 합력하여 선을 이루게 하신다는 것을 믿으십시오(롬 8:28-29).

해결되지 않은 분노는 당신에게 화를 불러일으킨다는 사실을 꼭 기억하십시오.

다른 사람을 죄 가운데 이끄는 자는 화가 있을진저

네 번째 화는 자기들의 이익을 위해서 다른 사람을 부추겨 유혹하는 자들을 향한 조롱의 시입니다. 이것은 바벨론에 대한 것일 뿐만 아니라 자신의 쾌락을 위해서 다른 사람을 이용하는 모든 사람들, 마약 사용자들, 그리고 포르노를 만들어 내는 자들과 그것을 출판하는 자들과 판매자들에게 임하며, 다른 사람에게 술을 마시라고 권하는 사람과 다른 사람으로 하여금 악한 일을 행하도록 선동하는 모든 사람들에게 임합니다.

때리는 자, 말로 남용하는 자, 성적으로 남용하는 자, 그 밖의 사람들…, 다른 사람들을 하나님의 은총에서 떠나게 하여 황폐케 만들고 어리석게 만들어 삶의 파괴를 자행하는 자들에게 임합니다. 정복자의 이름으로 자신들의 행동을 변명하는 술에 취한 바벨론뿐 아니라 그것을 생각하는 모든 사람들에게 화가 임합니다. 왜냐하면 그들은 취하여 자기 자신의 행동에 책임을 지지 않기 때문입니다.

사랑하는 친구여, 다시 한번 하나님께서 하박국에게 주신 묵시에 귀를 기울이십시오. 그것을 읽고 이 사회가 전적으로 타락하기 전에 서둘러서 선포하십시오.

> 이웃에게 술을 마시우되 자기의 분노를 더하여 그로 취케 하고 그 하체를 드러내려 하는 자에게 화 있을찐 저 네게 영광이 아니요 수치가 가득한즉 너도 마시고 너의 할례 아니한 것을 드러내라 여호와의 오른손의 잔이 네게로 돌아올 것이라 더러운 욕이 네 영광을 가리우리라 대저 네가 레바논에 강포를 행한 것과 짐승을 두렵게 하여 잔해한 것 곧 사람의 피를 흘리며 땅과 성읍과 그 모든 거민에게 강포를 행한 것이 네게로 돌아오리라(합 2:15-17).

하박국의 네 번째 화가 단순히 술취함에 대한 설명 이상의 것으로 바벨론에 대한 폭로와 심판에 대한 언급이라고 믿지만, 하나님께서 계속해서 행하고 계신다는 것을 알려 주시기 위해 그들이 포도주를 사랑하며 남용하도록 하셨다는 것은 흥미롭습니다. 하박국이 바벨론에 대해 언급하면서 술을 언급한 것은 처음이 아닙니다. 2:5에서는 "그는 술을 즐기며 궤휼하며 교만하여 가만히 있지 아니하고"라고 하였습니다.

물론 사람들은 대개 드러나는 것을 두려워하지 않는 한 혼자서 술을 마시지 않습니다. 하박국 2:15에 보면 그들은 심지어 다른 이웃들을 유혹해서 함께 마시자고 했습니다. 그들의 동기는 무엇입니까? 다른 사람이 무력해지는 것을 보기 위해서입니다.

술이 남용되는 곳에는 부도덕과 파괴가 있습니다. 사람이 술을 지나치게 마시게 되면 보통은 자제력을 잃습니다. 그때는 사람이 술을 다스리는 것이 아니라 술이 사람을 다스리게 됩니다.

오랜 시간에 걸쳐 술을 손에 쥔 결과로 나타난 폭력과 파괴가 하박국 2:17에서 나타나는데 이에 대해서 하나님께서 말씀하십니다. "네가 레바논에 강포를 행한 것과 짐승을 두렵게하여 잔해한 것 곧 사람의 피를 흘리며 땅과 성읍과 그 모든 거민에게 강포를 행한 것이 네게로 돌아오리라." 바벨론이 레바논을 정복했을 때 그들은 방자하게도 레바논의 사람과 짐승들을 파멸했습니다. 그들은 또한 덤불만 남긴 채 레바논의 아름다운 수목들을 훼멸했습니다.

술 취한 사람들 주위에 있어 본 적이 있습니까? 그들은 어떤 때는 애처롭게도 인간적입니다. 또 어떤 때는 불쾌하기 짝이 없거나 잔인하고 무례합니다.

잠언 23:29-35는 술을 지나치게 마실 때 나타나는 결과에 대해 생생하게 설명하고 있습니다.

> 재앙이 뉘게 있느뇨 근심이 뉘게 있느뇨 분쟁이 뉘게 있느뇨 원망이 뉘게 있느뇨 까닭 없는 창상이 뉘게 있느뇨 붉은 눈이 뉘게 있느뇨 술에 잠긴 자에게 있고 혼합한 술을 구하러 다니는 자에게 있느니라 포도주는 붉고 잔에서 번쩍이며 순하게 내려가나니 너는 그것을 보지

도 말지어다 이것이 마침내 뱀 같이 물 것이요 독사 같이 쏠 것이며 또 네 눈에는 괴이한 것이 보일 것이요 네 마음은 망령된 것을 발할 것이며 너는 바다 가운데 누운 자 같을 것이요 돛대 위에 누운 자 같을 것이며 네가 스스로 말하기를 사람이 나를 때려도 나는 아프지 아니하고 나를 상하게 하여도 내게 감각이 없도다 내가 언제나 깰까 다시 술을 찾겠다 하리라(잠 23:29-35).

그렇다면 포도주와 독주에 대한 그리스도인의 태도는 어떠해야 합니까?

우리는 에베소서 5:18의 "술취하지 말라 이는 방탕한 것이니"라는 말씀을 알고 있습니다. 방탕은 자제력을 잃는 것입니다. 그리스도인은 결코 성령의 다스림에서 벗어나서는 안 됩니다. 술의 영향력 아래에서는 성령으로 충만할 수 없습니다. 기쁨과 평화는 술에서 오는 것이 아닙니다. 그것은 내주하시는 하나님의 영에 대한 순종에서 나오는 것입니다.

성경이 분명하게 술 취하는 것을 악한 것으로 비난하고 있음에도 불구하고, 성경 어느 곳에서도 술을 분명하게 금하고 있는 곳은 없습니다. 그러나 그런 명령이 없다고 해서 당신과 내가 자유롭게 술을 마시는 것이 허용된다고 할 수 있습니까?

내가 믿고 있는 바를 나누고 싶습니다. 이 믿음은 로마서 14:21-23에 근거한 것입니다.

> 고기도 먹지 아니하고 포도주도 마시지 아니하고 무엇이든지 네 형제로 거리끼게 하는 일을 아니함이 아름다우니라 네게 있는 믿음을 하나님 앞에서 스스로 가지고 있으라 자기의 옳다 하는 바로 자기를 책하지 아니하는 자는 복이 있도다 의심하고 먹는 자는 정죄되었나니 이는 믿음으로 좇아 하지 아니한 연고라 믿음으로 좇아 하지 아니하는 모든 것이 죄니라(롬 14:21-23).

그리스도인은 하나님의 말씀에 대한 분명한 가르침을

항상 붙잡고 살아가야 합니다. 그러므로 술을 마시는 데 있어서 하나님 앞에서 양심에 거리낌이 있다면 술을 마셔서는 안 됩니다. 만약 그리스도인이 술을 마시는 것에 자유하다면 사랑의 법에 따라 지배를 받아야 합니다. 즉 음주로 인해 다른 사람을 실족하게 해서는 안 된다는 말입니다.

우상숭배자들에게 화가 있을진저

하박국의 조롱의 시에 나타나는 마지막 화는 우상숭배자들에 대한 것입니다. 앞에서 읽었듯이 우상숭배는 하나님을 하나님의 존귀한 의의 자리에서 밀어내고 그 자리에 어떤 사물이나 사람을 대신 갖다 놓는 것임을 기억하십시오. 하박국의 묵시입니다.

> 새긴 우상은 그 새겨 만든 자에게 무엇이 유익하겠느냐 부어 만든 우상은 거짓 스승이라 만든 자가 이 말하지 못하는 우상을 의지하니 무엇이 유익하겠느냐 나무

더러 깨라 하며 말하지 못하는 돌더러 일어나라 하는 자에게 화 있을찐저 그것이 교훈을 베풀겠느냐 보라 이는 금과 은으로 입힌 것인즉 그 속에는 생기가 도무지 없느니라(합 2:18-19).

우상은 나무에 새겨진 그림이나 금, 은, 혹은 다른 물질로 만들거나 혹은 막대기나 돌이나 자연의 어떤 대상을 상징화하거나 형상화한 것입니다. 그러나 미국의 우상은 구약 시대의 우상이나 다른 신을 숭배하고 있는 광신자들의 주물과 같이 분간하기 쉬운 것이 아닙니다. 우상이라고 해서 항상 어떤 일정한 형태를 갖고 있는 것은 아닙니다. 특히 오늘날의 시대와 문화에서는 더욱 그렇습니다. 그러나 우상이 살아 있을 것이라는 의심은 결코 하지 마십시오. 그것들은 꼼짝도 못합니다.

사람의 손으로 만든 것을 경배하는 일은 어리석은 짓입니다. 그렇지 않습니까? 아직도 살아 있고 오류가 없는 하나님의 말씀은 무시하면서 다른 유한한 존재인 인간의 말이나 작품들에 귀를 기울이고 경배하는 것은 얼마나 어리석은 일입니까?

종종 하나님의 진리의 말씀을 판단하는 자리에 앉아 있는 사람들의 대담함에 당황할 때가 있습니다. 사람이 어떻게 하나님의 말씀을 일부는 하나님에게서 온 것이고 일부는 단순히 사람의 의지에서 나온 것이라고 단언할 정도로 현명할 수 있습니까? 영적인 개념을 전달하기 위해서 구약성경을 신화나 단순한 이야기로 간주하며 구약성경의 비평하는 사람들을 보면서 깜짝 놀라곤 합니다.

예수님께서는 말씀하셨습니다. "미련하고 선지자들의 말한 모든 것을 마음에 더디 믿는 자들이여"(눅 24:25). 예수님은 엠마오 도상에서 사람들에게 "모세와 및 모든 선지자의 글로 시작하여 모든 성경에 쓴바 자기에 관한 것을 자세히 설명"(27절)하지 않으셨습니까?

우리 주님은 하나님의 말씀을 수정하거나 변경하거나 첨가하지 않으셨습니다. 대신 그분은 계속적으로 반복하면서 성경의 진실성을 확실히 하셨습니다. 당신은 사람에게 주어진 이성과 글들과 사람의 지혜와 심리와 철학과 사람에 대한 이해와 경험 혹은 사람에 대한 가르침을 하나님 말씀의 자리에 두는 것이 우상숭배로 간주된다는 사실에 대해 생각해 본 적이 있습니까? 로마서 1:21-23은 그렇다고 말합니다. 그들은 창조주보다 피조물인 사람을 경배하고 섬겼습니다.

하나님께서는 왜 우상숭배를 반대하십니까? 그것은 우상숭배는 하나님보다 사람이 만든 것에 초점을 두게 하기 때문입니다. 이 우상숭배로 인하여 사람은 살인자요 거짓말쟁이며 파괴자인 사단의 올무에 빠지게 됩니다.

하나님은 우리를 사랑하시고 우리가 지고한 선을 행하기를 원하십니다. 하나님은 하나님 자신을 위해 우리를 만드셨습니다. 그리고 그분의 이름은 '질투'라는 의미를 지닌 '칸나'(Qanna)입니다. 하나님은 우리를 질투하십니다. 우리는 질투를 악한 것으로만 간주하는 경향이 있습니다. 그러나 질투에는 선한 질투와 악한 질투가 있습니다. 남편이나 아내에게 있어서 만약 자신의 배우자가 다른 사람에게 사랑을 준다면 질투하는 것은 당연합니다. 그리고 하나님도 마찬가지입니다.

사람이나 물체에 대한 우리의 감정과 관심으로 그분의 마땅한 자리를 빼앗는 것입니다. 이것에 대해 생각해 보십시오. 하나님이 당신 감정의 최우선에 있습니까? 당신은 그 무엇보다, 다른 모든 것보다 그분을 경외하십니까? 당신은 오직 하나님 한 분만으로 살 수 있습니까? 아니면 우상과 같은 다른 것들로 그분을 밀어내어 하나님 이상으로 당신을 기쁘게 하는 것을 추구하며 그것들을 위해 살고 있습니까? 하나님께 어느 정도의 우선순위를 두고 있습니까? 얼마나 관심을 갖고 하나님을 영접하고 있습니까? 매일, 매주, 매년 그분과 이야기를 나누고 있습니까? 하나님으로부터 휴가를 떠납니까? 아니면 그분과 함께 휴가를 떠납니까?

시간을 내어 이런 것들에 대해 생각해 보십시오. 매우 중요한 질문입니다. 객관적으로 생각하십시오. 만약 당신의 삶에 우상이 있다면 그것은 간음이나 살인과 다름이 없음을 깨달아야 합니다. 출애굽기 20:3에 나오는 주님의 말씀을 들으십시오. "너는 나 외에는 다른 신들을 네게 있게 말찌니라." 당신은 어떻습니까?

"그것들에게 절하지 말며 그것들을 섬기지 말라 나 여호와 너의 하나님은 질투하는 하나님인즉 나를 미워하는 자의 죄를 갚되 아비로부터 아들에게로 삼 사대까지 이르게 하거니와 나를 사랑하고 내 계명을 지키는 자에게는 천대까지 은혜를 베푸느니라"(출 20:5-6).

만약 당신의 삶에 우상이 있다면 당신을 지켜보는 다른 사람들이 '주님은 거룩한 성전에 계신다' 라는 사실을 어떻게 볼 수 있겠습니까?(합 2:20) 그분의 성전은 하늘에 있는 것이 아니라 당신 안에 있습니다. 예수 그리스도의 교회의 한 부분인 당신은 그분의 영원한 성전입니다. 그러므로 하나님의 성전을 깨끗하게 하십시오. 우상을 제거하십시오. 타협하지 않는 그리스도를 향한 열정을 다른 사람들에게 보이십시오. 그리고 그분 앞에서 잠잠하십시오.

삶에 적용하기

사랑하는 여러분, 우리가 진리를 듣든지 듣지 않든지 간에, 우리는 이미 알고 있는 것에 대하여 그리고 빛 가운데 살아야 하는 것에 대해 책임을 져야 합니다. 예수님은 우리에게 하나님의 말씀이 우리를 심판한다고 말씀하셨습니다(요 12:48). 또한 모든 그리스도인은 그리스도의 심판의 보좌 앞에 서게 될 것이며, 육체 가운데 있을 때 행한 것에는, 그것이 선하든 악하든지 간에 책임이 따른다고 말씀하셨습니다(고후 5:10; 롬 14:10).

성도인 우리가 어떻게 하면 신중하게 살아갈 수 있는지, 세월이 악하기 때문에 세월을 아끼며 살아야 한다는 에베소서의 하나님의 명령의 빛 가운데 하루하루를 어디에서 어떻게 보냈는지에 대해, 2주일 동안 일기를 써 보는 것이 어떻겠습니까? 그러고 나서 당신이 하나님보다 우선시했던 것이 있었는지 객관적으로 검토해 보십시오. 만약 누군가가 혹은 무엇인가가 하늘에 계신 아버지께 드려야 마땅한 관심과 사랑을 빼앗아 갔다면, 그것이 바로 우상입니다. 그리고 당신은 당신이 우상과 더불어 행했다는 사실을 알게 될 것입니다. 그것들을 제거하십시오.

더 이상 계속할 수 없을 것만 같을 때

9장
하나님은 그곳에 계십니다
당신은 사슴과 같은 발로
다닐 수 있습니다

강하고 담대하라 여호와를 바라는 너희들아
시편 31:24

만약 당신이 나와 비슷한 사람이라면 당신도 사람들의 무지함으로 인해 안타까움을 느끼고 있을 것입니다. 나의 간절한 바람은 그분의 기름 부으심 아래 하나님의 말씀을 열어서, 그분의 사랑 안에서 그 진리를 사람들과 나누는 것입니다. 나는 사람들이 불법을 행함으로써 영원한 파멸에 이르기 전에 두 번 정도는 생각해 볼 수 있는 상황에 부딪히기를 원합니다! 만약 여러분이 자신의 생각이 아닌 하나님의 말씀을 아는 지식으로 채워져 있다면, 당신은 분명 나의 절망을 이해할 수 있을 것입니다. 과연 우리가 할 수 있는 일은 무엇이겠습니까?

하박국도 동일한 질문을 했습니다. 그는 어떤 일이 진행되고 있는지 알았지만 절망하지는 않았습니다. 우리가 의지할 것은 오직 하나님뿐입니다.

우리는 우리의 의문과 절망과 걱정을 모두 하나님의 발 아래 내려놓고 그분의 응답을 기다려야 합니다. 그리고 반드시 믿음으로 살아야 합니다.

하나님은 하박국뿐 아니라 우리에게도 불의한 자들은 반드시 심판을 받을 것이라고 확신시켜 주셨습니다. 심판은 결정되었고 반드시 이루어질 것입니다.

그러나 다가오는 심판에 대해서는 충분히 설명하지 않으셨습니다. 다만 부정할 수 없는 확실한 진리가 있는데, 그것은 하나님께서 하박국에게 하신 말씀에 대한 최종적인 확신입니다. 세상은 우상을 섬기게 될 것이며 정의는 왜곡될 것이고, 사악한 자들은 더욱 많아지며 싸움과 폭력이 난무하게 될 것이지만, 하나님은 말 못하는 우상과는 다르시다는 것입니다.

하박국은 거룩한 성전에 계시는 하나님에 대하여 확신을 가졌습니다. 그는 그분의 분노를 선포하였습니다. 죄는 심판을 받을 것입니다. 그분의 심판이 곧 도래할 것입니다. 반드시 이루어질 것입니다. "땅의 모든 것들아, 잠잠하라." 아무도 하나님 앞에서 입을 열 자가 없을 것입니다. 인간의 지혜는 사라질 것입니다. 인간도 무기력해지고 그분의 심판은 확실해질 것입니다.

다가올 심판을 가늠할 수 있는 유일한 진리는, 하나님은 불변하시는 영원한 분이시라는 사실입니다. 그리고 모든 것이 그분의 통치 아래에 있다는 것입니다! 하나님께서는 이스라엘과 교회를 위해 세우신 모든 일들을 반드시 이루실 것이기 때문에 우리는 그분 안에서 안식할 수 있습니다! 오 세상이여, 잠잠하라.

하나님의 자녀인 당신은 믿음으로 살아야 합니다. 당신은 할 수 있습니다! 믿음을 가질 수 있습니다. 왜냐하면 그것은 모든 세상의 영원한 통치자시며, 하늘과 땅의 창조주이시고, 보좌 가운데 계신 분 안에 있는 믿음이기 때문입니다. 그분은 거룩한 성전에 계십니다.

나는 당신의 고통과 절망이 무엇인지 알지 못합니다. 무엇이 당신을 힘들게 하고 분노하게 하는지 알 수 없습니다. 그러나 하나님께서는 모든 것을 알고 계십니다. 당신이 이해하지 못하는 것, 당신이 감당할 수 없다고 느껴지는 모든 것이 믿음으로 그분과 동행하는 삶을 살게 되는 순간에 극복될 수 있습니다.

하박국 3장에서 우리는 "시기오놋에 맞춘바 선지자 하박국의 기도"를 볼 수 있습니다(합 3:1). 또한 3, 9, 13절에서 "셀라"(Selah)라는 단어를 볼 수 있습니다. 그 누구도 이 단어의 정확한 의미를 알지는 못한다 하더라도, 시기오놋과 셀라에 관해서 여러 곳에서 수집한 것들을 잠시 살펴보겠습니다.

"시기오놋"(Shigionoth)이라는 단어의 단수인 '시가이온'(Shiggaion)은 시편의 서론부에서 사용되었습니다. 새

미국표준성경(NASB)의 각주에 따르면, 시기오놋은 '찬가의 리듬 혹은 순수하고 열정적인 노래' 라는 뜻입니다. 이것이 노래를 동반하는 음악의 일종이라고 말하는 사람들도 있습니다. 이 단어는 '잘못하다' 라는 동사에서 기인한 것으로, 승리에 대한 흥분을 노래한 것으로 여겨집니다.

시편에서 70번 사용되고 이 장에서만 3번이나 사용된 "셀라"(Selah)는 음악 반주의 고조, 즉 강하게(forte)를 가리키는 것입니다. 그것은 잠시 호흡을 가다듬고 생각을 하게 합니다.

이제 잠시 멈추어서 하박국 3장을 읽어 보십시오.

이것이 왜 시기오놋에 맞춘 기도인지 알 수 있겠습니까? 주님은 백성들을 구원하기 위해서 오셨습니다. 흥미롭지 않습니까?

하박국은 마침내 그를 고통스럽게 하는 환경 너머를 보게 되었습니다. 그는 하나님께서 비록 불의한 바벨론을 들어 쓰신다 하더라도, 그 일에는 목적이 있음을 깨달았습니다. 하나님께서는 이스라엘과 열방을 향한 주권적인 계획을 완성하실 것입니다.

하나님은 바벨론의 침공과 포로 생활을 통해 이스라엘을 심판하실 것입니다. 그러나 하나님은 이 수년 내에 하나님의 일을 부흥케 하실 것이었습니다. 진노 중에도 하나님은 긍휼을 기억하실 것입니다. 왜냐하면 하나님이 영원하신 것처럼 하나님의 뜻도 영원하기 때문입니다.

하나님은 데만(Teman)에서부터 오실 것입니다. 주께서는 노를 발하사 땅에 둘리시고 분을 내사 열국을 밟으심으로, 기름 부음 받은 주의 백성을 구원하시기 위해 오실 것입니다(합 3:2-3, 6, 12-13).

가까운 미래가 멀게 느껴지지만 순간에 임할 것입니다. 이스라엘에 대한 하나님의 약속은 변치 않을 것입니다. 그 어떤 것도 하나님의 약속을 변화시킬 수 없습니다. 하나님의 약속은 반드시 이루어질 것입니다. 하박국의 하나님은 자신의 약속을 신실하게 지키시는 분이십니다.

하박국이 비로소 하나님의 계획을 이해하게 되었을 때, 그는 하나님이 그분의 계획을 속히 이루기를 촉구하는 듯한 기도를 합니다. "주는 주의 일을 이 수년 내에 부흥케 하옵소서 이 수년 내에 나타내시옵소서"(합 3:2).

하나님께서 불의한 자들을 심판하시고 그들의 악을 멈추게 하시며 하나님의 의를 높이어 의인들을 입증하실 것이라는 사실을 앎으로, 하나님의 계획이 계속해서 이루어지고 있다는 것이 두렵지 않습니까? 나는 악한 자들이 그들의 행위를 멈추기 원합니다. 나는 사람이 사람에게 악을 행하는 것을 견딜 수 없습니다. 순전한 사람들이 악한 세대의 불경건한 행위로 인해 고통받는 것은 나를 힘들게 합니다.

며칠 전에 한 젊은 엄마와 이야기를 나누게 되었습니다. 우리는 공공장소에서 아이들을 돌보는 것이 얼마나 끔찍한 일인지에 대해 이야기했습니다. 왜냐구요? 부모가 지켜보는 가운데서 자녀들을 훔쳐 가는 사람들이 너무나 많기 때문입니다.

일전에 두 명의 자녀와 함께 디즈니 월드(Disney World)에 갔던 부부에 대한 이야기를 들었습니다. 한 아이는 관광객들 사이에 있었고, 다른 한 아이는 부모님 사이에서 걷고 있었습니다. 그런데 갑자기 작은 딸이 사라졌습니다. 그들은 당황했습니다.

그들이 도움을 청했을 때 디즈니 월드에 있는 경관은 자기들이 다른 출구를 봉쇄하는 동안 둘로 흩어져 다른 출구에 서 있으라고 말했습니다. 그들은 출구에 서서 공원에 남아 있는 아이들을 자세히 살펴보았습니다.

시간은 흘렀고 지루한 작업은 계속 되었습니다. 그들은 계속해서 경찰을 따랐고 조심스럽게 아이들 각각을 보며 찾았습니다. 마침내 한 부부가 지쳐서 잠이 든 아이를 어깨에 맨 채 도착했습니다. 아이는 이불에 덮여 있었습니다. 그 부부는 이불을 걷어 달라는 부탁에 귀찮아 하는 것 같지 않았습니다.

그들이 그 아이를 흔들어 깨웠을 때 부모는 아이의 잠이 가득한 눈을 보았습니다. 어린 딸을 잃어버린 부모는 그 아이가 자기들의 아이라는 것을 알았습니다. 그러나 입고 있었던 옷은 딸의 옷이 아니었습니다. 그들의 딸은 남자 아이의 옷을 입고 있었고 그녀의 예쁜 머리칼도 남자 아이처럼 잘려 있었습니다. 심지어 다른 색깔로 염색까지 되어 있었습니다. 그러나 그 아이는 분명히 그들의 아이였습니다.

어린 시절에 나는 돌봐주는 사람 없이도 바깥에서 놀며 코너의 가게로 자유롭게 걸어다녔습니다. 그 젊은 엄마와 몇 시간 동안 나무 그늘에 앉아 지난 추억들에 대해 이야기를 나누었습니다. 그러나 오늘날에는 많은 부모들이 자기들의 자녀들을 돌봐 주는 사람 없이 대중 식당에 두지 않습니다.

하나님의 일이 부흥하기 위해서 얼마나 기다려야 한단 말입니까? 우리는 사람들이 다시 하나님을 두려워하고 그분 앞에서 떨기를 원합니다. 우리는 우리 주님이 속히 오시기를 원합니다. 비록 이것이 사악한 자들의 심판을 의미한다고 하더라도, 동시에 의인에 대한 구원이 될 것입니다.

오, 나의 친구여, 당신은 고통 가운데 있습니까? 고통

속에서 당황하고 있습니까? 그분의 오심은 세상 끝날에 이루어질 것입니다. 하나님의 손이 당신의 눈물을 씻어 줄 것입니다. 정의가 최고의 자리에 서게 될 것입니다. 그러므로 예루살렘의 평화를 위해 기도하십시오. 구원이 시온에서 오기 때문입니다.

하나님은 "내가 진실로 속히 오리라"고 말씀하셨습니다. 당신과 나의 기도는 "아멘, 주 예수여 오시옵소서"가 될 것입니다(계 22:20).

자비와 엄격

"진노 중에라도 긍휼을 잊지 마옵소서"(합 3:2). 이것은 하박국이 곧 임하실 하나님의 심판에 대해 들었을 때 부르짖었던 것입니다.

바벨론이 남유다를 쓸어 버렸습니다. 하박국은 두려움에 떨 수밖에 없었습니다. "무리가 우리를 치러 올라오는 환난날을 내가 기다리므로." 연약함이 그의 뼛속까지 들어왔습니다(합 3:16). 그리고 우리가 살펴본 것과 같이 그는 환난 날이 속히 임하기를 원하기 시작했습니다. 그날이 지나면 주님이 주님의 백성들을 구원하시기 위해서 오실 것이기 때문입니다. 바벨론을 비롯한 모든 악한 나라들은 하나님에 의해 타작되고 짓밟혀질 것입니다(합 3:12-13). 그래서 하박국은 기도했습니다. "여호와여 주는 주의 일을 이 수년 내에 부흥케 하옵소서 이 수년 내에 나타내시옵소서"(합 3:2).

하박국 3장에서 우리는 하나님의 자비와 엄격함을 동시에 보게 됩니다. 즉, 죄를 심판하시는 엄격함과 선택된 백성들을 구원하시는 자비입니다. 하박국은 엄격한 하나님의 분노 이상을 보면서, 당신의 백성들을 구원하시기 위해 오시는 하나님을 기다렸습니다. 비록 누군가는 이스라엘이 복음을 거부했기 때문에 하나님께서 이스라엘과 관계를 끊으셨다고 생각한다 할지라도, 하나님께서는 이렇게 말씀하십니다.

> 형제들아 너희가 스스로 지혜 있다 함을 면키 위하여

이 비밀을 너희가 모르기를 내가 원치 아니하노니 이 비밀은 이방인의 충만한 수가 들어오기까지 이스라엘의 더러는 완악하게 된 것이라 그리하여 온 이스라엘이 구원을 얻으리라 기록된바 구원자가 시온에서 오사 야곱에게서 경건치 않은 것을 돌이키시겠고 내가 저희 죄를 없이 할 때에 저희에게 이루어질 내 언약이 이것이라 함과 같으니라(롬 11:25-27).

시온에서 오시는 구원자는 하박국이 3:3-15에서 설명한 구원자와 일치합니다. 그분은 예레미야가 "의의 가지"라고 언급한 분입니다. 그분은 다니엘 7:13-14에서 언급된 "인자" 입니다.

내가 또 밤 이상 중에 보았는데 인자 같은 이가 하늘 구름을 타고 와서 옛적부터 항상 계신 자에게 나아와 그 앞에 인도되매 그에게 권세와 영광과 나라를 주고 모든 백성과 나라들과 각 방언하는 자로 그를 섬기게 하였으니 그 권세는 영원한 권세라 옮기지 아니할 것이요 그 나라는 폐하지 아니할 것이니라(단 7:13-14).

하박국은 애굽에서 이끌어내어 광야를 지나게 하신 뒤, 가나안 땅으로 인도하신 하나님을 기억하며, 하나님의 구원을 기다렸습니다. 그는 여호수아의 승리를 위하여 태양을 멈추셨던 하나님을 기억했습니다.

자신의 뜻에 따라 이스라엘을 심판하시고 또 전능하심으로 구원하신 하나님은, 당신의 모든 백성이 하나님의 발 아래 설 때까지 우리를 구원하실 신실하신 분이십니다.

여러분은 하나님과 하나님의 뜻을 두려워하고 있습니까? 하나님의 은사와 부르심에는 후회함이 없다는 것을 아는 것이 당신에게 큰 확신을 주지 않습니까? 하나님은 이스라엘을 돌보십니다. 하나님과 이스라엘과의 관계, 그분의 참으심과 인내, 그분의 친절하신 사랑, 그분의 말씀의 성취, 이 모든 것은 그분이 당신에게도 동일하게 역사하신다는 사실을 확신시켜 줍니다. 이것에 대해 묵상해 보십시오. 당신에게 평안이 임할 것입니다.

잠잠히 기다리십시오

하나님이 응답하지 않으시는 것처럼 여겨지거나 무엇인가를 계속해서 진행할 수 없을 것처럼 여겨질 때, 어떻게 하십니까?

사랑하는 여러분, 당신이 간직해야 하는 네 번째의 중요한 진리는 바로 당신의 시간은 하나님의 손에 달려 있다는 것입니다. 그분은 모든 시간을 주관하십니다. 그러니 인내하며 기다리십시오. 이 사실이 하박국을 지탱시켰습니다. 그리고 이것은 우리의 눈에 구원이 보이지 않을 때, 그리고 우리가 연약해졌을 때, 선한 싸움을 싸우며 인내의 경주를 할 때, 우리를 지탱시켜 줄 것입니다.

우리는 하박국 3:16-19에 기록된 말씀을 통해서 하박국이 하나님의 시간표에 만족했음을 알 수 있습니다. 그는 "무리가 우리를 치러 올라오는 환난날을 내가 기다리므로"(합 3:16)라고 말합니다. 주님께서 거룩한 성전에 계시므로 하박국은 잠잠할 수 있었고 조용히 기다릴 수 있었습니다. 하박국의 단념은 믿음의 패배와는 다른 것이었습니다. 그는 그의 구원의 하나님 안에서 즐거워한다고 계속해서 말합니다.

하나님은 맥없이 단념해 버리는 것을 원치 않으십니다. 인생에 어려움이 생길 때마다 하나님께서는 우리가 기다리는 동안 불평하는 것이 아니라, 즐거워하며 믿음을 갖기를 원하십니다. 우리의 시간이 우리의 지고한 선을 위하여 일하시는 그분의 손 안에 있기 때문입니다.

코리 텐 붐(Corrie ten Boom)은 2차 대전 때에 유대인들을 숨겨 주었다는 이유로 집단 학살 수용소에 수감되었던 독신 여성이었습니다. 그러나 그녀는 놀랍게도 수용소에서 석방되어 세계적인 사역을 하게 되었습니다.

그녀가 죽기 5년 전인 90살의 나이에 우리의 주권자이신 하나님은 코리에게 말을 못하게 되는 발작을 일으키게 하셨습니다. 그 당시에 코리를 돌보았던 여성은 이런 글을 남겼습니다.

하나님은 왜 그녀에게 그러한 병을 허용하셨나요? 우리는 그 문제에 대해 궁금증을 가지고 이야기를 나누며 기도했습니다. 그러나 그 신비에 대한 정확한 대답을 찾을 수 없었습니다. 우리는 하나님이 왜 우리에게 고통을 허용하시는지 도무지 이해할 수 없었습니다. 그러나 우리는 점점 더 하나님의 절대적인 주권을 확신하게 되었습니다. 중요한 것은 우리의 시대는 완전히 하나님의 손에 달려 있다는 것입니다. 그분은 코리의 생명의 연수를 아셨습니다. 그것은 그분의 뜻과 상관없는 다른 것에 달려 있는 것이 아니었습니다.

코리의 일기에 기도문이 있습니다. "주님, 모든 것들을 주님의 관점으로 볼 수 있도록 당신의 마음 더 가까이 나아가게 하소서."

사랑하는 여러분, 이것은 우리의 시간이 하나님의 손안에 있다는 믿음으로 기뻐하며 순종하기를 원하는 우리

모두의 기도여야 합니다. 당신과 나를 위한 기도입니다. 그렇게 할 때 그분이 코리의 하나님이셨던 것처럼 우리의 능력이 되실 것입니다.

기뻐하는 믿음

이제 우리의 마음에 새겨야 하는 다섯 번째이자 마지막 진리입니다. 바로, 두려움과 의심은 기뻐하는 믿음으로 극복된다는 것입니다.

찬양은 믿음의 도화선입니다. 찬양은 믿음을 고양시킵니다. 찬양은 세상의 근심이라는 중력을 거슬러 비상할 수 있도록 해 줍니다. 믿음의 비밀은 지속적으로 찬양하는 데 있습니다. 심지어 마음속으로는 두려움이 가득하고, 입술도 떨리고, 뼈가 썩어 들어간다 할지라도 말입니다.

코리 텐 붐과 그녀의 자매 베티(Betsy)가 독일의 집단 학살 수용소에 수감되었을 때 그들은 독일군이 바라보고 있는 가운데서 알몸으로 지나가라는 명령을 받았습니다. 오늘날의 일부 여자들은 이런 요구에 개의치 않을지도 모릅니다. 그러나 타협하지 않는 신앙으로 그리스도를 경외했던 순결한 가정에서 자란 이 경건한 두 여성에게 이것은 끔찍한 경험이었습니다. 그들은 엄청난 치욕을 참아야만 했을 뿐만 아니라, 알 수 없는 공포로 휩싸였습니다. 그들은 자기들이 적으로 간주되었다는 것을 알았습니다.

그들은 어떻게 이것을 참아낼 수 있었을까요? 호기심과 분노와 야만스런 정욕으로 가득 찬 눈앞을 나체로 걸어가야 했을 때, 그들은 어떻게 내적인 평화를 유지할 수 있었습니까? 베티는 코리에게 다가와 주님의 고통과의 연합 안에서 기뻐하며 걸어가자고 말했습니다.

그녀는 코리에게 예수님도 역시 갈릴리의 많은 사람들 앞에서 벌거벗겨졌다는 사실을 상기시켜 주었습니다.

그래서 그들은 계속해서 기뻐할 수 있었습니다. 오, 그들이 기뻐할 수 있는 유일한 이유이신 그분이 없었다면 어떻게 기뻐할 수 있었겠습니까! 그들의 공포와 의심은 그들의 환경이나 미래와 상관없이 그들에게 기쁨을 주는 믿음으로 극복되었습니다.

그들은 하박국이 행했던 것을 했습니다. 그의 말에 귀를 기울이십시오. "나는 여호와를 인하여 즐거워하며 나의 구원의 하나님을 인하여 기뻐하리로다"(합 3:18).

오, 사랑하는 여러분, 의심이 생길 때, 죄악이 무성해질 때, 하나님께 물어 보고 싶을 때 해야 하는 두 가지 일이 있습니다. 첫째는, 항상 두 팔을 벌리고 계시는 아버지의 품으로 즉시 달려가십시오. 우리는 전능하신 하나님의 품 안에서 환영받을 것입니다. 사람의 품을 찾을 필요가 없습니다. 믿음으로 그분께 달려가십시오.

둘째는, 그분 안에서 즐거워하십시오. 다음과 같은 고백은 우리의 믿음에 활력을 줄 것입니다. "아버지, 당신은 나의 전부이십니다. 비록 무화과나무가 무성치 못하며 포도나무에 열매가 없으며 감람나무에 소출이 없으며 밭에 식물이 없으며 우리에 양이 없으며 외양간에 소가 없을지라도 당신은 내가 신뢰할 유일한 분이십니다"(합 3:17).

우리가 믿음으로 하나님과 하나님의 말씀에 들어가 어떤 환경 속에서라도 그분으로 인해 기뻐한다면 우리는 하나님의 능력을 알게 될 것입니다. 그분의 능력은 우리의 발을 사슴과 같게 하사 높은 곳을 걸어 다닐 수 있게 하실 것입니다. 사슴의 발은 미끄러지지 않습니다. 놀랍지 않습니까? 지금은 그리스도인들이 너무나 자주 넘어지는 때입니다. 그들은 하나님보다는 다른 어떤 것 혹은 사람의 팔로 달려갑니다. 그리고 그 과정 속에서 하나님을 떠납니다. 그러나 육신의 팔은 응답하지 않습니다. 믿음으로 하나님의 말씀을 붙잡지 않는 사람은 자신의 삶이 건조해지고 황폐해진다는 것을 알게 될 것입니다(렘 17:5-6). 그러나…

> 그러나 무릇 여호와를 의지하며 여호와를 의뢰하는 그 사람은 복을 받을 것이라 그는 물가에 심기운 나무가 그 뿌리를 강변에 뻗치고 더위가 올찌라도 두려워 아니하며 그 잎이 청청하며 가무는 해에도 걱정이 없고 결실이 그치지 아니함 같으리라(렘 17:7-8).

하나님은 예레미야를 통해서 우리에게 무엇을 말씀하십니까? 그분은 우리가 하박국이 본 것을 똑같이 보기를 원하십니다. 비록 고난과 시련과 시험이 다가온다 하더라도, 순간적인 축복이 사라진다 할지라도 우리가 믿음으로 하나님을 붙잡게 된다면 우리는 극복할 수 있습니다. 그분은 우리의 힘이십니다. 당신과 내가 믿음의 뿌리를 깊이 내린다면 가뭄 속에서도 푸른 잎사귀를 얻을 수 있을 것이며 과일 열매를 맺을 수 있을 것입니다. 소중한 친구여, 고난과 견딜 수 없는 상황 속에 놓여 있을 때, 당신 자신의 능력으로 극복해 보려는 교만한 노력을 하지 마십시오. 믿음으로 사십시오. 주님을 높이십시오. 구원의 하나님을 기뻐하십시오. 그분은 삶의 고난을 통해 당신을 구원하실 수 있습니다.

사랑하는 여러분, 물론 황폐해진 환경의 한복판에 놓여 있을 때 기뻐한다는 것이 쉬운 일이 아니라는 것을 알고 있습니다. 그것은 미친 짓입니다. 그러한 환경 속에서는 도저히 기뻐할 수 없습니다. 그러나 환경을 주관하시는 하나님 안에서라면 기뻐할 수 있습니다!

"내가 궁핍하므로 말하는 것이 아니라 어떠한 형편에 든지 내가 자족하기를 배웠노니 내가 비천에 처할 줄도 알고 풍부에 처할 줄도 알아 모든 일에 배부르고 배고픔과 풍부와 궁핍에도 일체의 비결을 배웠노라 내게 능력 주시는 자 안에서 내가 모든 것을 할 수 있느니라"(빌 4:11-13).

하나님은 넉넉하십니다.

시련 가운데 있을 때 이것을 기억하십시오.

> 하나님이 통치하십니다. 그분은 통치자이시기 때문에 역사를 주관하십니다.
> 역사는 하나님의 택하신 백성과 그분의 자녀에게 초점이 맞추어져 있습니다.
> 당신이 이해하든 그렇지 않든 하나님이 행하시는 일에는 목적이 있습니다.
> 당신의 시간은 하나님의 손에 있습니다.

그리고 당신의 두려움과 의심은 기뻐하는 믿음을
통해 극복될 수 있습니다.

환경이 아닌 하나님을 바라봄으로 어떤 환경 속에서도 기뻐할 수 있습니다. 오, 사랑하는 여러분, 당신의 믿음은 "여러 가지 시험을 만나거든 온전히 기쁘게" 여길 때, 그리고 믿음 안에서 "범사에 우리 주 예수 그리스도의 이름으로 항상 아버지께 감사"할 때 고양될 것입니다. 진실로 "의인은 믿음으로 말미암아" 살 것입니다. 그 속에서 우리는 "주 여호와는 나의 힘이시라 나의 발을 사슴과 같게 하사 나로 나의 높은 곳에 다니게 하시리로다"라는 고백을 하게 될 것입니다(합 2:4; 3:19).

하박국의 날은 어두움으로 가리워져 있었습니다. 마치 우리처럼 말입니다. 그러나 그 어둠이 그를 엄습하지는 못했습니다! 믿음 안에서 그는 커튼을 걷었고 영혼의 어두움을 없애는, 영광 가운데 다가오는 떠오르는 태양을 보았습니다.

고통스러운 일이 생길 때 하나님은 어디에 계십니까? 그분은 커튼 뒤에서 모든 것을 지휘하시고 살피고 계십니다.

삶에 적용하기

만약 하나님이 커튼 뒤에 계신다는 사실을 안다면, 그때 당신은 그분은 당신이 하나님이 모든 것의 통치자라는 믿음의 선언을 할 때까지 기다리신다는 것을 알 수 있습니다. 그러므로 하나님이 당신을 무대 위에 놓으실 때, 당신의 운명을 잊지 마십시오. 사슴의 발로 하나님의 높은 곳을 걸어다니는 믿음을 보고자 주시하는 사람들이 있습니다.

하나님이 당신에게 정하신 높은 장소는 종종 고통의 장소이며 고난의 시간이 됩니다. 영원 속의 한 시점인 그 순간 속에서 우리는 하루종일 죽음에 놓여 있기 때문에 우리를 도살당할 어린양으로 생각합니다. 그러나…

그러나 이 모든 일에 우리를 사랑하시는 이로 말미암아 우리가 넉넉히 이기느니라 내가 확신하노니 사망이나 생명이나 천사들이나 권세자들이나 현재 일이나 장래 일이나 능력이나 높음이나 깊음이나 다른 아무 피조물이라도 우리를 우리 주 그리스도 예수 안에 있는 하나님의 사랑에서 끊을 수 없으리라(롬 8:37-39).

나는 이 진리가 당신의 생각과 삶에서 최우선으로 남을 수 있도록 두 가지의 것으로 용기를 주려고 합니다. 첫째는 하박국 3:17-19을 기억하십시오. 둘째는 당신의 뜻이 무엇이든지 간에 최우선순위는 당신을 주관하시는 하나님께 감사하는 것이라고 결심하십시오. 이 시련과 비극과 위기는 그것이 무엇이든지 간에 하나님의 사랑의 손가락을 통해 걸러진 것이며, 또한 당신을 우리의 축복의 구원자이며 예수 그리스도이신 하나님의 아들을 더욱 닮은 사람으로 만들기 위해 사용된 것으로 인해 기뻐하십시오.

"현재의 고난은 장차 우리에게 나타날 영광과 족히 비교할 수 없도다"(롬 8:18).

■ PRECEPT BOOK LIST

I. 리더십 · 성공

1. 리더가 저지르기 쉬운 10가지 실수(컴팩트) 한스 핀젤
2. 참된 성공에 이르는 비결 데이비드 쇼트
3. 파워리더 여호수아 김경섭
4. 파워리더 느헤미야 김경섭
5. 모세 지도력의 비밀 김경섭
6. 사사열전 김경섭
7. 담대한 믿음, 여호수아 이윤재
8. 믿음의 영웅들 김경섭

II. 영성 · 자기 계발

1. 축복의 언어 존 트렌트 · 게리 스몰리
2. 고통의 의미 케이아더
3. 소망 케이아더
4. 하나님을 향한 마음 케이아더
5. 하나님의 주권 케이아더
6. 비전의 힘(컴팩트) 마일즈 먼로
7. 축복의 통로 래리 허거
8. 영적 전투의 전략 워렌 W. 위어스비

III. 가정 · 상담 · 치유

1. 성, 그 끝없는 유혹 케이아더
2. 아내를 사랑하는 10가지 방법 한스 & 도나 핀젤
3. 행복한 결혼생활의 비결 케이아더
4. 영적 치유 케이아더
5. 자녀를 하나님의 사람으로 만드는 43가지 지혜 앤드루 머레이
6. 자녀와 함께 드리는 가정예배 프리셉트성경연구원

IV. 목회 · 교회 · 교육

1. OLD & NEW 김우영, 김병삼
2. 장로교와 감리교 무엇이 다른가? 김우영
3. 심방설교 핵심파일 프리셉트성경연구원
4. 존 스토트 설교의 원리와 방법 안병만
5. 청중을 사로잡는 설교자 캘빈 밀러
6. 나의 나 된 것은 하나님의 은혜라 케이아더
7. 하나님 이름에 숨겨진 비밀 케이아더
8. 네트워크 은사발견 사역(주교재) 빌 하이벨스 외
9. 성경 길잡이 케이아더
10. 어린이 전도행전 홍영순
11. 효과적인 목회전략 토니 모건 · 팀 스티븐스
12. 가정교회를 일으켜라 래리 크레이더
13. 교회 갈등, 이렇게 해결하라! 케네스 O. 갱겔 & 새뮤얼 A. 제이나인
14. 좋은 교회에서 위대한 교회로 톰 레이너
15. 사명을 수행하는 교회 데니스 비카스
16. 열정적 설교 알렉스 몬토야
17. 주제별 말씀 모음집 김경섭 외
18. 개척 그 이후, 열두광주리교회 이야기 오대희

V. 교사 · 리더

1. 감동을 창조하는 인간관계 윌리암 J. 다엄
2. 감정 치유의 6단계 데이비드 클라
3. 프리셉트 귀납적 성경 연구 방법 케이아더
4. 위대한 교사 위대한 리더 게리 브레드펠트
5. 복음이란 무엇인가? 김경섭

VI. 기도 · 신앙생활

1. 기도하는 엄마들(소책자) 펀 니콜스
2. 삶을 변화시킨 꼬웨르바 이야기 김연수
3. 홍정길 목사의 301가지 감동 스토리 I 프리셉트성경연구원
4. 홍정길 목사의 301가지 감동 스토리 II 프리셉트성경연구원

5 나비 이야기 프리셉트성경연구원	9 놀라운 하나님의 이름 김경섭
6 언약, 신실하신 하나님의 약속 케이 아더	10 하나님을 미소짓게 하는 이야기 김병삼
7 하나님, 솔직히 돈이 좋아요! 김병삼	11 하늘의 음성 김경섭
8 그리스도의 가상칠언 김경섭	12 항상 기뻐하라 김경섭

Ⅶ. 묵상 · 성경공부

1 큐티합시다 오혜희	4 성경을 믿어야 하는 일곱 가지 이유 어윈 루처
2 Q.T 첫 걸음 프리셉트성경연구원	5 예수님의 비유로 풀어 쓴 천국 시크릿 김연수
3 효과적인 경건의 시간 케이 아더	6 스토리텔링 다윗 설교 김연수

Ⅷ. 핸드북

1 그리스도와 함께 앤드류 머레이	7 성공을 가로막는 일곱가지 장애 김병삼
2 기도, 하나님과의 로망스 후안 카를로스 오르티즈	8 성공을 디자인하는 삶의 비밀 피터 허쉬
3 나를 연단하시는 하나님의 섭리 케이 아더	9 인간관계, 감동으로 창조하라 윌리암 J. 디엄
4 십자가 상의 일곱 마디 말씀 김경섭	10 영성회복을 위한 40가지 열쇠 스티븐 아타번 외
5 소리나는 스프 홍정길	11 토마스 아 켐피스의 그리스도를 본받아 토마스 아 켐피스
6 일상에서 배운 삶의 지혜 토드 템플	

Ⅸ. 클래식 시리즈

1 온전한 순종 앤드류 머레이	6 현대인을 위한 참된 목자 리처드 백스터
2 인류 최고의 고전 그리스도를 본받아 토마스 아 켐피스	7 현대인을 위한 성도의 공동생활 디트리히 본회퍼
3 앤드류 머레이의 하늘문을 여는 기도 앤드류 머레이	8 현대인을 위한 죄 죽이기 존 오웬
4 현대인을 위한 예수님이라면 어떻게 하실까? 찰스 쉘던	9 현대인을 위한 천로역정 존 번연
5 현대인을 위한 어거스틴의 참회록 성 어거스틴	

Ⅹ. 어린이

1 놀라운 성경 탐험 메리 홀링스워스	9 고통 속에서 희망을 노래하는 코리 텐 붐 체스티 호프 바예즈
2 말씀으로 치유되는 십대들의 고민 50가지 필 챌머스	10 달리기 챔피언 선교사 에릭 리들 존 케디
3 나의 사랑하는 성경(구약) 오혜희	11 꿈과 열정의 전도자 빌 브라이트 킴 트위첼
4 나의 사랑하는 성경(신약) 오혜희	12 살아 있는 순교자 리처드 범브란트 캐서린 맥켄지
5 파란 눈의 중국인 선교사 허드슨 테일러 캐서린 맥켄지	13 종교 개혁의 횃불을 든 마틴 루터 캐서린 맥켄지
6 고아들의 영웅 조지 뮬러 아이린 호왓	14 열정의 복음 전도자 디엘 무디 낸시 드러먼드
7 어린이를 위한 벤허 루 윌리스	
8 어린이를 위한 천로역정 존 번연	

Ⅺ. 청소년

1 수험생을 위한 100일 묵상 프리셉트성경연구원	3 청소년 365일 묵상집 프리셉트성경연구원
2 입시생을 위한 60일 묵상 프리셉트성경연구원	4 청소년을 위한 구약개관 프리셉트성경연구원

하나님은 고통의 현장에서도 당신과 함께 계십니다

고통의 의미

지은이	| 케이 아더
옮긴이	| 서혜정

초판 1쇄	| 2004년 6월 24일
개정 1판 1쇄	| 2020년 7월 3일

발행인	| 김경섭
국제총무	| 최복순
총무	| 김상현
기획국장	| 김현욱
서적부	| 양재성, 신충경, 유혜윤
편집부	| 고유영(편집실장), 김지혜, 허윤희, 유권지

발행처	| 프리셉트선교회
등록번호	| 108-82-61175
일부총판	| 생명의말씀사 Tel. (02) 3159-7979 Fax. 080-022-8585

주소	| 서울시 동작구 사당로2가길 91(사당동) (우) 07028
전화	| (02) 588-2218 팩스 | (02) 588-2268
홈페이지	| www.precept.or.kr

국민은행 772-21-0310-382(김경섭)
2004, 2020 ⓒ 프리셉트성경연구원

값 8,800원
ISBN 978-89-8475-793-6 03230

독자 여러분의 의견을 기다립니다.
독자 전화 (02) 588-2218 / pmnqt@hanmail.net